レイルウェイ研究会

最新版

新幹線に乗るのがおもしろくなる本

JN118186

扶桑社文庫
0767

この作品は２００９年２月刊「新幹線に乗るのがおもしろくなる本」を大幅に改訂したものです。

はじめに

２０２２年は、日本の鉄道開業１５０年周年。新幹線も１９６４年10月に開業してから60年近くが過ぎた。

出張に、帰省に、旅行に、欠かすことのできない交通手段である新幹線。いまやすっかり身近な存在になっているものの、よくよく考えてみると、さまざまな謎が次から次へと浮かんでくる。

時速３００キロで走る新幹線の窓は、小石が当たってもなぜ割れないのか？　北海道新幹線の先頭車両が長い理由は？　窓口で買う指定席券、席はどうやって振り分けられているのか？　どうやったら超スピードで車内清掃を終えられるのか？

21世紀になり、世界各地で高速鉄道が走っているが、速さ、技術力、安全性、サービスを兼ね備えた日本の新幹線は世界屈指といえるだろう。あらゆる英知を結集させた世界最高傑作の電車のひとつである新幹線。そんな新幹線にまつわる謎の数々を楽しんでいただければ幸いである。

レイルウェイ研究会

目次

第2章 車両の特徴 300キロの走行中に浮かぶ謎の数々

第3章 乗務員・サービス　乗客にはわからない乗務員の仕事

第4章 車体 外見を巡る不可思議

先頭車両の「鼻」の部分に収納されている重要なものとは？

第5章 システム・設備 レール、トンネル、ホームにまつわる疑問

「線路はずっと平行線」と思っていたら大間違い！

第１章
運行・路線

60年近く安全運行を続けている驚きの軌跡

**新幹線は、
東京～北京を
直通で結ぶ
壮大な計画から
始まった!**

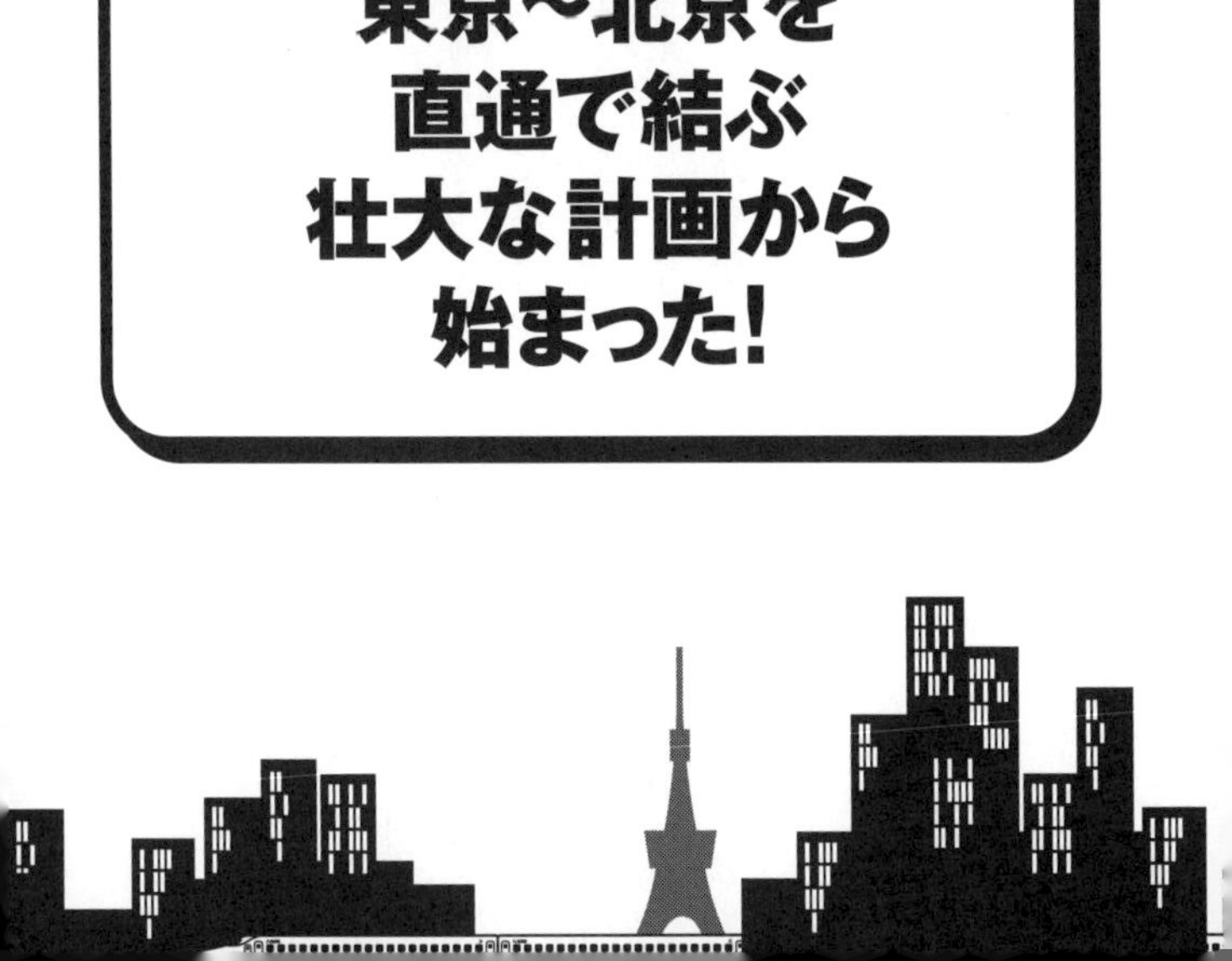

なんと新幹線の線路を最初に走ったのは阪急京都線の電車！

「新幹線の線路を最初に走ったのはどんな列車だったか」

そう質問したら、ほとんどの人が「ひかり」か「こだま」と答えるだろう。日本に初めて登場した新幹線は東海道新幹線だから、そう答えるのは当然かもしれない。だが、答えは「ひかり」でも「こだま」でもない。新幹線の線路を最初に走ったのは、なんと私鉄の京阪神急行電鉄（現・阪急電鉄）京都線の電車である。

1960年頃、当時の国鉄は東海道新幹線のルートを決めるにあたって、大阪府と京都府の境・大山崎《おおやまざき》のあたりでどこに線路を敷くか苦慮していた。天王山《てんのうざん》と淀《よど》川に挟まれた大山崎付近は、すでに東海道本線と阪急京都線が走り、しかも近くには国道171号線まであった。

このままではスペースが確保できず、新幹線の線路を敷設できない。最初に国道171号線を移動させようと働きかけたものの、建設省（当時）に断られてしまったといわれる。そこで、結局、阪急と協議して京都線を北へ移動してもらうように要請。それによって空いた土地に新幹線の線路を敷こうというわけだ。

阪急側はこの申し出を承諾した。ところがひとつ問題が生じた。新幹線の高架工事によって地盤沈下等が懸念されたのだ。そこで、阪急線も新幹線と共同の盛土上に高架軌道を建設することとなった。まず阪急の仮移設工事が行なわれ、続いて、新幹線の高架工事が始まった。この工事は１９６３年4月に完成したが、今度は仮移設していた阪急の高架工事の番である。

高架工事中に阪急の電車はどこを走ればいいのか。考えだされたのが、阪急の電車ができたばかりの新幹線の線路を走るというアイデアだった。こうして１９６３年12月29日に阪急の高架工事が完成するまでの８カ月間、新幹線の線路を阪急電車が走るという珍しい光景が続いたのである。

この方法が可能だったのは、阪急が新幹線と同じ軌間幅１４３５ミリメートルを採用していたためである。あとは直流１５００ボルトの架線を張るだけで、営業運転が可能だった。

やがて阪急の営業運転が終了すると、架線は2万５０００ボルトのものが張られ、新幹線の最初の車両である０系の試運転が開始されたのである。

新幹線が〝通勤電車〟に変身する博多にある摩訶不思議な場所

新幹線通勤はそれほど珍しくはないかもしれない。だが、8・5キロメートルの区間の在来線に、通勤電車として新幹線を走らせている地域があると知ったら、誰しも驚くのではないだろうか。しかもその路線、新幹線以外は走らない。なんとも不思議な路線である。

1975年に山陽新幹線博多駅が開業したとき、新幹線の車両基地は駅の南側8・5キロメートルほどの場所に設けられた。山陽新幹線の始発・終着駅である博多駅へは、新幹線車両がここから出入りしていたわけだ。

同じころ、この車両基地一帯が福岡市のベッドタウンとして都市化の波に洗われ、宅地化が始まった。市内への通勤・通学者はしだいに増えていったが、公共の交通機関はバスのみ。住民はバスを使うかマイカーしか足がないため、道路は渋滞する一方だった。そのため8・5キロメートルほどの市内への通勤・通学に1時間もかかる状態になった。

そこで住民たちが目をつけたのが、博多駅と車両基地とを行き来する新幹線の回送車両で、これを有料で走らせてほしいと要望する陳情活動が始まった。１９８８年のことである。

ＪR西日本はこれを受け入れて、車両基地内に博多南駅を設けて営業申請を行なった。だが、新幹線には「主たる区間を時速２００キロメートル以上で走行する」などの条件がある。このため、ひと駅だけの新線・博多南線は「普通鉄道」として事業申請し、博多駅～博多南駅はあくまで在来線ということになった。

しかしわずか８・５キロメートル１駅、乗車時間10分足らずで走るのは新幹線車両であるため、特急列車扱いとされ、普通乗車券１９０円（現在は２００円）のほかに特急料金１００円とする運賃設定で、１９９０年に開業したのである。

開業当初は１日に14～18本程度の運行だったが、２０２２年時点では、博多駅から博多南駅へは１日28便、博多南駅から博多駅へも１日28便と便数も増加している。定期券利用の通勤・通学客ばかりでなく、一般乗客の利用も増えている。また、山陽新幹線との接続を考慮したダイヤが組まれたりと、回送列車の有効利用は、地域に欠かせないインフラとして定着している。

愛称公募10位だった「こだま」はなぜほかの候補を押しのけて採用されたのか?

1964年10月に開業した東海道新幹線の愛称は公募によって決まったものだ。開業に先立つ6月に始まった公募は、18日間という短い募集期間にもかかわらず、最終的に応募総数約56万通と、国民の関心の高さを示していた。ちょうど全線の工事が終わり、新幹線開業へ向けての試験走行が始まったばかりで、連日のように最高速度の記録が報道されていたという背景があった。

780種類もあった応募名称の中から選ばれたのは、東京・名古屋・京都・大阪のみが停車駅で所要時間4時間の最速列車のほうが「ひかり」、各駅に停車して東京~大阪を5時間で走るのが「こだま」だった。

「ひかり」の名を投票した総数は1万9845通で第1位、以下「はやぶさ」「いなづま」「はやて」と続き、いずれもスピードを想起させるものだった。肝心の「こだま」は10位だった。

1位の「ひかり」は当然としても、なぜ10位の「こだま」に決まったのか。それは、「ひかり」が光速を意味するのに対し、「こだま」は音速を意味し、この組み合わせを鮮明にしたかったという意図があったからである。

つまり「こだま」は「ひかり」ありきの愛称で、いわば「抱き合わせ」で決まった名称なのである。

それまで「ひかり」は九州を走る準急列車に、「こだま」も東海道線を走る特急列車に愛称として用いられていた名で、結局それが、そのまま格上げした形となった。

そもそも「ひかり」は、歴史のある名称で、戦前には旧満州（現・中国東北部）で朝鮮鉄道・南満州鉄道を走る列車に使われていたものだった。

このあと1992年に、「ひかり」よりさらにスピードアップされた列車が登場することになったとき、光速よりも速いものはもはやなく、抽象的な言葉から選ぶこととなった。候補に上っていた「希望」を、大和言葉に言い換えて「のぞみ」が誕生したのである。

この愛称もまた、戦前に朝鮮半島から大陸を走っていた特急列車のものだったため、半世紀ぶりの復活と話題になった。

「のぞみ」「ひかり」「こだま」のいずれも、東海道・山陽新幹線のイメージがすっかり定着しているが、じつはそれぞれに歴史があり、新幹線の名前に決まる過程でも、意外な事実が隠されていたのだ。

上越新幹線の始発駅は東京駅ではなくじつは新宿駅だった！

上越新幹線は、1971年に東北新幹線とともに着工され、1982年、東北新幹線にやや遅れて大宮までの区間が開業。その後、1985年に上野へ乗り入れ、1991年には東京まで乗り入れ運行が始まった。新潟と東京を結ぶこの新幹線は、高崎辺りからの通勤利用や、冬季には首都圏からのスキー客の足として、広く親しまれている。すっかり、東京と新潟方面を結ぶ新幹線として定着している上越新幹線だが、未開通部分があることを知っている人は少ないだろう。

全国新幹線鉄道整備法に基づく上越新幹線は、東京～新潟間を結ぶJR東日本の高速鉄道路線とされている。ところが、現在開通しているのはこのうち、新潟から大宮までの区間で、大宮から東京までは未着工なのである。現在運行している大宮～東京間は、じつは東北新幹線の路線を通って、東北新幹線の駅に乗り入れている状態である。

上越新幹線は、もともと新宿駅が起点となるはずだった。それが、大宮～新潟が開通した時点で、東京（当時は上野駅）～大宮間は、同時に工事が進められていた東北新幹線に、ひとまず乗り入れればいいとして開業を優先させたのだ。そのころは、大宮～新宿間の利用客は少ないというのが国鉄の見解で、工事を急ぐ必要はないと考えられていたわけだ。

こうした計画があったためだろうか、新宿駅には地下に上越新幹線の駅用の空間が確保されているといわれたり、東北新幹線の大宮以南の高架橋脇の空き地は上越新幹線用に確保されている土地だと噂されることがある。

たしかに大宮以南に空き地が点在しているが、これは騒音対策のための緩衝地帯であり、上越新幹線用地ではない。２００５年には、大宮～新宿間を地下路線で整備して上越新幹線を全通させる計画がもち上がったが、あくまで一部の政党の案でしかなく、JR東日本が具体的な計画を立てていたわけではない。

東京駅を発着するJR東日本の新幹線は過密ダイヤだ。上越新幹線の本来の計画が新宿発着で、その実現に期待したくなるところだが、果たしてどうなるのだろうか。

新幹線発祥の地は新幹線が止まらない駅だった！

鉄道発祥の地として知られているのが新橋駅だ。明治初期の1872年に、新橋〜横浜に日本初の鉄道が正式開業した。開業当時の新橋駅は「旧新橋停車場」として本物があった地の上に再現され、「0哩《ゼロマイル》標識」も復元されている。

それでは、新幹線の発祥の地はどこなのだろうか。鉄道発祥の地と同じように考えれば、東海道新幹線が開業し、最初の列車が発進した地である東京駅となるはずなのだが……。

じつは、新幹線発祥の地は東京駅ではない。東海道本線鴨宮《かものみや》駅の近くにある新幹線の鴨宮保線基地である。

新幹線も止まらない鴨宮駅の近くが、どうして新幹線発祥の地なのかといえば、１９６２年に、もともと車両基地があったこの場所に新幹線の試運転基地が置かれて、試験走行がここから始まったからである。

東海道新幹線は１９５９年4月20日に起工された。その際、現在の新横浜～小田原《おだわら》間の営業線は、比較的直線区間が長く、相模《さがみ》川、酒匂《さかわ》川の橋梁、丘陵地帯を抜けるトンネルなどがあり、東海道新幹線のルートで想定されるさまざまな走行形態が存在していて、データを収集しやすいと考えられた。また、国鉄本社がある東京からも近く、各種試験に最適な場所とされた。こうした経緯から、現在の新横浜～小田原間がモデル線として先行整備されることとなり、そのうちまず完成した大磯《おおいそ》～鴨宮間を使用して新幹線の試験走行が始まったのである。

このとき使用されたのは、１０００形と呼ばれる試作車両2編成で、時速２００キロメートルで走る高速車両に電気を送る架線や自動制御装置など、当時の最先端技術のテストが繰り返し行なわれた。

そのなかでは、速度が上昇するにつれて発生する確率が高まる車輪の蛇行現象や〝耳ツン〟などの予想外の現象も起きたため、試験走行の重要性が再認識され、確認された問題点を改善する作業が連日続けられた。そして、2年ほどの試験走行の末に、無事に東海道新幹線の開業にこぎつけたのである。

その後、鴨宮では新幹線の発祥を記念して、毎年10月13日と14日の「鉄道の日」近くに、「ひかり」の名にちなんだ「川東《せんとう》ひかり祭り」を行なうようになった。

新幹線の発車時刻に隠されている15秒ルールとは？

新幹線に乗って今か今かと発車を待つ。時刻表に掲載されている発車時刻は13時05分。

「早く発車しないかな。あと5分、あと3分、あと1分」

そして、ついに時計のデジタル表示は13時05分。

しかし、列車はまったく動かない。ようやく発車したのは13時05分を数十秒過ぎてから……。

じつはこの数十秒の差には、ワケがある。これは電車が遅れたわけではない。なぜなら新幹線の運行ダイヤは15秒単位で設定されていて、発車時刻も15秒刻みで決められているからだ。

たとえば、時刻表に「13時05分発」と書かれている場合でも、13時05分きっかりの発車とは限らない。実際には「13時05分15秒発」や「13時05分30秒発」「13時05分45秒発」かもしれないのだ。

とはいうものの、時刻表にそこまで詳しい時間が書かれず、秒以下は切り捨てられて分単位で表示されている。だから、一般の乗客にとっては、00秒発ではない場合の発車であっても、どれも同じ13時05分と表記されてしまう。

これと同様に駅の表示も秒以下は切り捨てて、分単位で書かれている。たいていの人は、そこまで詳しい時間など知る必要もないから、秒単位まで正確な時間が表示されたら、かえって邪魔でしようがない。

このように、新幹線の発車時刻には、一般の人が知らない15秒ルールが存在している。新幹線に乗ったら、試しに、正確な発車時刻を測ってみてもおもしろいかもしれない。

新幹線唯一の季節限定“臨時駅”が上越にあった！

新幹線は在来線と軌道が違うために直通運転ができないため、在来線の駅とは別の駅をつくるケースが見られる。

たとえば、新大阪駅などは新幹線開業時には在来線の駅がなかったために、わざわざそこに在来線の新駅を設置した。

しかし、なかには在来線が通らない新幹線専用の駅がある。東海道新幹線の岐阜羽島や山陽新幹線の新神戸、東北新幹線の水沢江刺《みずさわえさし》、白石蔵王《しろいしざおう》、上越新幹線の上毛《じょうもう》高原《こうげん》、北陸新幹線の安中榛名《あんなかはるな》などは、どれも新幹線でしか行けない専用駅だ。

こうした新幹線専用駅は、あくまでも駅と駅との中間地点だ。本来ならば並行する在来線と接して駅を設置したかったところだが、新幹線と在来線との距離が離れすぎている場合などに設置される。

上越新幹線にあるガーラ湯沢駅も、新幹線専用駅のひとつだ。しかし、この駅には、ほかの駅にないユニークな特徴がある。なんと冬季のスキーシーズンにしか新幹線が止まらない、新幹線の中で唯一の「臨時駅」なのだ。

ガーラ湯沢駅と隣の越後湯沢駅の間はわずか1・8キロメートル。しかも冬にしか止まらないというのだから、何もわざわざそんなところに駅などつくらなくてもよさそうなものだが、JR東日本にとってそうはいかない事情があった。ビジネスの上から、ここに駅が必要だったのだ。

じつは、ガーラ湯沢駅はスキー場専用といってよい。利用者のほとんどはガーラ湯沢スキー場のスキー客。そして、このガーラ湯沢スキー場を開発したのはJR東日本。つまり、JR東日本は、自前のスキー場にスキー客を呼び込むために、どうしても新幹線の駅をつくらなければならなかったのである。

ガーラ湯沢スキー場の開発にあたっては、ユニークな裏話が残っている。もともとこの場所には上越新幹線の保守基地と越後湯沢を結ぶ保守線があった。国鉄が民営化されてJRになる際に、基地のある保守要員が突然ひらめいたという。

「ここにスキー場をつくったらビジネスになるのでは?」

すぐにそのアイデアを提案したところ、それがあっさり通ってしまい、ガーラ湯沢スキー場の建設が始まったという。

そんなスキー場のためにつくられた駅だけに、ガーラ湯沢駅はスキー場への玄関口そのものだ。駅を降りるとゴンドラが待ち受けていて、そのままGALA湯沢スキー場へと直行できる。

毎年、冬になればたくさんのスキー客が訪れて大にぎわい。JR東日本のねらいは見事に当たったのである。

ただし、ガーラ湯沢駅は、運行速度などが新幹線としての要件に適合しないため厳密には新幹線の駅ではなく、在来線・上越線支線の駅として扱われている。

一番新幹線の駅が多い県・少ない県はどこなの？

九州新幹線も２０１１年２月に全線開業し、新幹線の路線は今や多くの都道府県を通っている。また、新幹線の駅もさまざまな都道府県に存在している。では、そのうちミニ新幹線の山形・秋田を除いて、最も新幹線の駅が多い県はどこなのだろうか。

かつては、静岡県が一番新幹線の駅が多い県だった。１９６４年の開業時には熱海、静岡、浜松しかなかったが、その後、１９６９年に三島、１９８８年に新富士と掛川が設置されたため、全部で６駅となった。

こうして長らく日本一の座にあった静岡県だが、やがてそれに代わる県が登場した。岩手県である。２００２年12月１日に東北新幹線の盛岡〜八戸《はちのへ》間が開通したことによって、それまでの一ノ関、水沢江刺、北上、新花巻、盛岡の５駅に加えて、いわて沼宮内《ぬまくない》、二戸《にのへ》の２駅が加わったため合計７駅となり、静岡県を抜いて新幹線の駅の数日本一に輝いたのである。さすがに県の面積日本一の岩手県だけのことは

である。

2022年現在、新幹線の駅数ランキングを見ると、1位には岩手県と新潟県がともに7駅で並んでいる。2015年、北陸新幹線が延伸したことで、新潟県は7駅となり、岩手県と並びトップに躍り出たのである。

一方、新幹線が走っている地域で一番新幹線の駅が少ない県はどこかというと茨城県だ。その数はなんと0駅。せっかく東北新幹線が通っていながら、茨城県にはひとつも駅が存在しないのである。そもそも東北新幹線が茨城県を通っていることを、知らない人が多いかもしれない。

東京都の東京から出発した東北新幹線は上野、埼玉県の大宮を通り、栃木県の小山《おやま》、続いて同じく栃木県の宇都宮、那須塩原《なすしおばら》を経て、関東を出て東北へ入り、福島県の新白河、郡山《こおりやま》へと向かう。

このルートのどこに茨城県があるのか。じつは、東北新幹線は、大宮から小山へ向かう途中で埼玉県を出たのちに、茨城県の古河《こが》市付近をほんの少しだけかすめているのだ。

かすめただけといっても、「新幹線が通る県」には違いない。しかし、止まる駅はない。そのため「新幹線の駅が日本一少ない県」という、あまり自慢にならない称号を手にしている。

関東1都6県のうち、新幹線が走っていない県は千葉県ただ1県のみ。あとは茨城県を含めてすべて新幹線が通っており、茨城県、千葉県以外には新幹線の駅が存在している。

東京を縦断するJR東日本の埼京線は東北新幹線開通の副産物だった！

近年、新幹線の開通に伴って在来線の乗客が減り、新幹線に並行する在来線をいかに存続させるかが問題になるケースがある。ところが、新幹線の開通に伴って在来線の路線が増設されたことがあるというから驚きである。

今では埼玉県の住民にとって都心への通勤には欠かせない足、大宮〜大崎《おおさき》間を結ぶJR東日本の埼京線《さいきょう》。1985年に運行を開始したこの路線は、じつは新幹線開通の副産物である。

東北新幹線の建設では計画当初、都内発着を予定していた。ところが1982年に開通したときには埼玉県の大宮止まりとなっていた。これは、大宮以南の住民が新幹線開通に強く反対し、大宮〜上野の開通が難航していたからである。

反対の理由は騒音や環境問題だ。そのため、地下を走らせるべきであるといった意見が強く出されたが、地盤が軟弱であるなどの理由で、実現が難しかった。

新幹線建設が論議される一方、沿線住民にとって大きな問題だったのは、通勤電車の大混雑だった。当時、急速に住宅地が増えた大宮以南の地域では、都心へと向かう朝の通勤列車の混雑率は300パーセント近く。そのため、沿線住民は、新幹線より通勤用の列車のほうが必要だと主張したのだ。

新幹線がこのまま都内に乗り入れできない状態では、乗り換えが不便であるなどの問題があった。そこで、交渉を重ねた結果、騒音は70ホン以下、また、上野〜大宮間は時速110キロメートルの低速区間とすることで住民と和解した。何より沿線住民の反対運動を収束させたのは、新幹線と並行する区間に通勤用の在来線を設けるという国鉄（当時）側の提案だった。

この新たな路線こそが、大宮～赤羽《あかばね》間の区間で、現在では大崎まで結んでいる「埼京線」にほかならない。

ただしこの新路線区間は、東北本線別線が正式名称である。じつは、赤羽～池袋間は赤羽線、池袋～大崎間は山手貨物線が正式名称で、「埼京線」という路線区は存在していない。これはあくまで愛称にすぎないのだ。

新幹線が止まらないのに「新幹線区」と呼ばれる地域がある不思議

今や日本の高速鉄道の代名詞となった「新幹線」。なんとこの名称そのものが地名となっている地域があるというから驚きだ。

それは静岡県田方《たがた》郡函南《かんなみ》町の一地区。函南駅から西南1キロメートルのところにある「新幹線区」と呼ばれている地域のこと。正式名称ではなく、「上大沢」という住居表示上の地域が、地元では「新幹線区」と呼ばれている。地区内には「新幹線公民館」と名づけられた公民館があり、幹線上、幹線下という名称のバス停もあるなど、いたるところで、新幹線の地名と出合える。国土地理院の地図にも地区名として記載されており、この名は地元でしっかり定着しているようだ。

もちろんこの地名は、鉄道の新幹線に由来する。ここには、新幹線の工事に携わる人々の官舎があったため、いつしか地元では新幹線区と呼ばれるようになったと伝えられる。

だが、新幹線といっても1964年に開通した現在の新幹線ではない。1941年に着工した「弾丸列車計画」の新幹線である（48ページ参照）。第二次世界大戦以前に、国内の輸送能力を向上させるために新しい鉄道幹線を敷く計画があった。その新しい幹線用に新丹那トンネル（熱海《あたみ》～函南間にまたがる延長8キロメートル）の掘削が始まり、函南駅から南西1キロメートルの地に工事関係者の官舎が設けられた。梅原淳《うめはらじゅん》氏の『新幹線不思議読本』によると、そのころから地元では官舎がある地域が新幹線区と呼ばれていたという。

2年後、戦況悪化のためこの計画そのものが中止となり、函南町側から掘り進んでいたトンネル工事も中断となった。それに伴い官舎の住民たちは去ったが、建物自体は残された。

その後、現在の東海道新幹線が計画され、1959年、新丹那トンネル工事が再開されることになり、この官舎に再び人々が集まってきた。戦争で中止された新幹線と戦後復興の象徴となった現在の新幹線、ふたつのプロジェクトから生まれた地名だったのである。

直線の多い新幹線と曲線が多い在来線の駅間距離数が同じという不思議

時刻表を見て確認してほしいのだが、走行距離の数字を眺めているとある不思議に気づく。新幹線の、たとえば東京〜新大阪間の距離と在来線・東海道本線の東京〜新大阪間の距離は同じ数字になっている。新幹線は、在来線とは別に線路を敷設し、高速走行するために直線区間が多いはずである。それが在来線と同じ距離とは、どういうことなのか。

じつは、新幹線の距離として時刻表に記載されているのは「営業キロ数」で、実際の距離・実キロ数とは別扱いである。たとえば、東海道新幹線の東京〜新大阪間は営業キロ数552・6キロメートルに対して実キロ数は515・4キロメートルと約40キロメートルも短いのだ。

ＪＲの運賃計算は営業キロ数によって決まっている。それが、実際は40キロメートル近くも短い距離しか乗らないのだから、運賃も安くしていいのではないかと考えたくなって当然である。そこを突いて、実際に運賃返還を求めて当時の国鉄を訴えるという裁判が起こされたことがある。

東京地裁の一審判決では、乗客側の言い分が認められて国鉄に差額の返還命令が出た。しかし、国鉄が控訴した二審は一審破棄による乗客の逆転敗訴、最高裁でも二審判決が支持された。

このときの二審判決が、「新幹線は、基本的に在来線と駅を共用しており、在来線の増設線として一体化している」というものだった。国鉄が、東海道本線の複々線工事として線路を敷いたことが認められた結果である。

これにならい、山陽新幹線も、東北・上越・九州の各新幹線とも、営業キロ数で運賃計算をしている。

北陸新幹線は、新線開通に伴って在来線の一部が第三セクター化されてＪＲの並行路線が消滅したため、高崎～長野間の実キロ数と営業キロ数が１１７・４キロメートルで一致している。九州新幹線でも新八代《しんやつしろ》～川内《せんだい》間、東北新幹線の盛岡～八戸《はちのへ》間に限れば同じケースが見られ、営業キロ・実キロ数に差がない。

当初、猛反対された新幹線計画を救ったのは米国の資料といわれる。何が書かれていた？

新幹線といえば、戦後復興の象徴であり、今や日本人の暮らしに不可欠である。建設当初は反対の声が大きかったといわれても、なかなか想像しにくいのではないだろうか。ところが実際は、最初に新線計画が発表された１９５０年代半ばは、強硬な反対派が多数いたのである。

たしかに戦後日本の復興は目覚ましく、東海道本線の輸送力は飽和状態だった。

「鉄道の時代は終わった。陸は自動車による輸送や移動が主役になり、遠距離なら飛行機を利用する時代がくる」というのが、その強硬反対派の意見だった。これは欧米が車社会を発展させていた状況から生まれた意見で、日本でも東名高速、名神高速といった道路計画が議論されていたのだ。

東海道本線の輸送力を増やしたければ、複々線化すれば、新幹線建設より費用もかからず効率的だという意見が、当時の国鉄内部ですらあったのである。

そんななか、ときの十河《そごう》国鉄総裁が国鉄内部に調査会をつくって研究を進めながら、反対派の政治家を説得し、新線建設を粘り強く訴え続けたのだ。国鉄の監督省庁である当時の運輸省がゴーサインを出しても、次には経済企画庁が設けた協議会で再びモータリゼーション社会への発展予想論議が繰り返されるなど、計画の推進は壁の連続だった。

『ボクの鉄道あれこれ学』（ヒサクニヒコ著）によると、前途多難と思われた新幹線計画を救ったのは、車社会を謳歌し始めていたアメリカの商務省データだったという。「ハイウェイ・キャパシティ」と名づけられたその資料をもとに国鉄が訴えたのは、鉄道と道路の比較だった。

「もし計画されている新幹線と同じ量の貨物と旅客を、東京から大阪へ運ぶとすると、片側車線だけでも幅120メートルも必要になる」

これがアメリカの資料をもとに計算した、日本での東海道の物流予測結果だった。東京から大阪へ、それだけの幅の幹線道路を貫通させることなど、用地買収を含む金銭的にも、また地形的にもできない相談である。モータリゼーション先進国のデータをもとにした予測値だっただけに、説得力は大きかったようだ。

こうして、ようやく新幹線工事着工が認可されたのである。

スイッチバックする日本で唯一の新幹線 秋田〜大曲間を走る「こまち」

東京と秋田を約4時間で結ぶ秋田新幹線「こまち」は、盛岡から秋田間は在来線を走る「新在直通」のミニ新幹線だ。

「こまち」の運行については、新幹線ではほかでは見られないユニークな点がひとつある。それは盛岡から秋田へ向かう途中、大曲《おおまがり》で停車したあとに体験できる。大曲から秋田へ向かうはずの「こまち」は、なぜか逆走し始めるのだ。しかも逆走し始めた「こまち」は、どんどん加速する……。「逆走する」といっても、もと来た線路を戻っているわけでも、もちろん運転の間違いでもない。

「こまち」はスイッチバックをする唯一の新幹線なのだ。スイッチバックは上下線とも行なわれる。秋田駅発の場合は、出発時にいきなり後ろ向きに走り出すから、新幹線の座席は進行方向を向いていると思い込んでいる人は驚くに違いない。大曲に到着すると向きを変え、座席が向いている方向に走り出すのである。

スイッチバックとはもともと急な坂を克服するために、折り返し式の線路を、進行方向を変えながらジグザグに進むことで、起伏の激しい在来線にはいくつか存在する。坂道をバック方向にウンウンいいながら進む在来線の旅を楽しんだ人もいるだろう。

ではなぜ、起伏が少ないはずの新幹線がスイッチバックするのか。これは大曲駅が田沢湖線と奥羽《おうう》本線の接続駅となっているためだ。「こまち」は、盛岡から田沢湖線に入って大曲駅へ到着。そこで向きを変えて奥羽本線へ入り、秋田へと向かう。

秋田新幹線と大曲駅付近

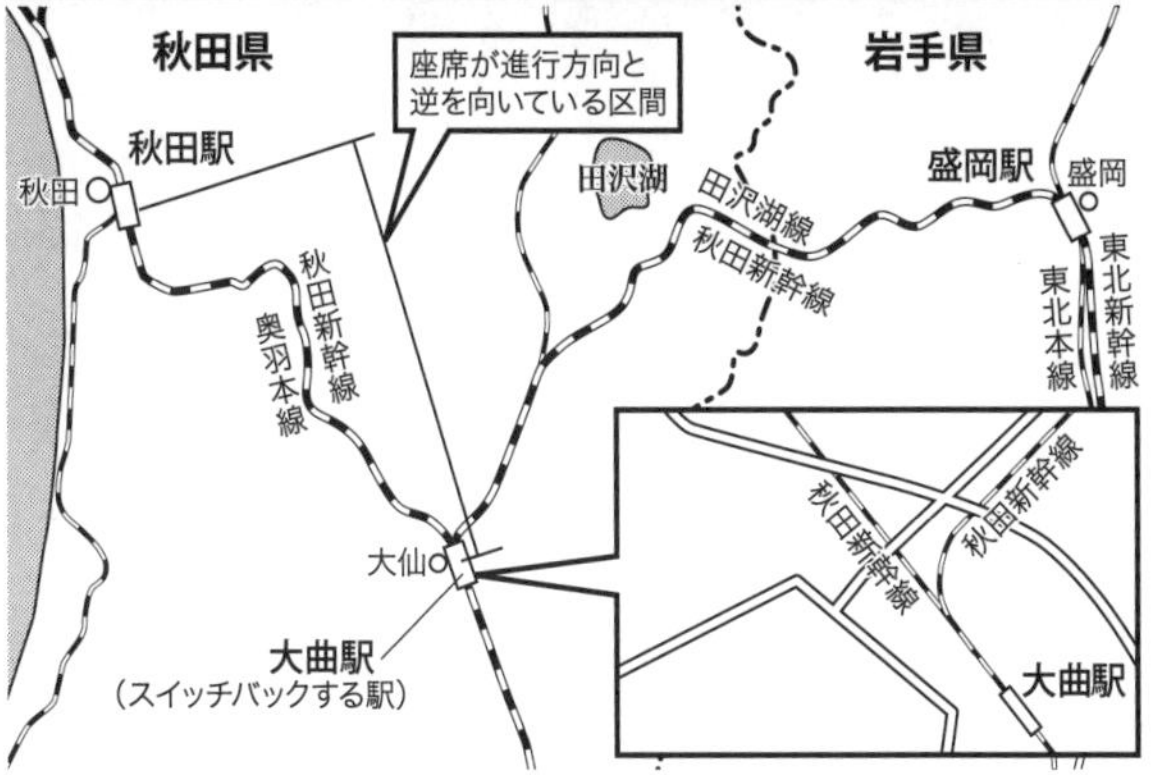

秋田始発の場合は、奥羽本線から田沢湖線へと入る。この接続で線路の都合上、進行方向が逆になってしまうのである。

在来線で、平地での方向転換としてスイッチバックが行なわれるとき、シートの向きは進行方向に合わせて変更される場合が多いが、大曲と秋田間はわずか約30分。4時間の行程から見れば、30分のためにわざわざ座席の向きを変えるのも手間だということで、逆方向のまま走るわけだ。

秋田発の場合は、最初から進行方向とは逆に座席がセットされている。これはもちろん、乗車時間の長い大曲以降の進行方向を向いているためだ。

新幹線は、東京〜北京を直通で結ぶ壮大な計画から始まった！

新幹線は日本の鉄道技術が生んだ最高傑作である。なんといっても世界に先駆けて、時速200キロメートルを超えるスピードの列車を、ダイヤどおりに定期運行させるのに成功した。1964年10月1日に開業した東海道新幹線は当初、夢の超特急と呼ばれたが、その計画の原型は昭和初期にすでにもち上がっていたもので、じつは半世紀以上の時を経た夢の実現だった。

新幹線という発想は、昭和初期の時代背景のもとで生まれた。そのころ中国大陸の植民地化を図っていた日本からは、東海道・山陽本線を経由して朝鮮半島への連絡船で人とモノが運ばれた。朝鮮半島では京釜《けいふ》鉄道を経由して中国へ至ることができたから、交通の主役は鉄路だった。その鉄道を、東京から大陸まで直通で結ぼうというのが当時の夢の列車だったのである。

大陸への進出が進むと、東海道・山陽本線の輸送力には限界が見え始めた。その解消に標準軌の新線を東京～下関間の1000キロメートルに走らせて、さらには大陸まで結んでしまおうというのが発想の始まりだった。鉄道省内で「新幹線計画」と呼ばれたこのアイデアは、1940年に帝国議会で承認され、俗に「弾丸列車計画」と呼ばれることとなった。対馬海峡に海底トンネルを掘削して朝鮮半島・釜山《プサン》で陸上へ出ると、北平《ペーピン》（現・北京《ペキン》）までを東京と直通で結ぶという壮大な計画だった。

翌年には、東海道新線のための新丹那《しんたんな》トンネル、日本坂トンネル、新東山《しんひがしやま》トンネルの工事が始まり、3年後には全ルートの16パーセントにあたる用地買収にも成功して、計画は進むかに思えた。

しかし太平洋戦争が始まったために余力をなくした国は工事を中断、やがて日本は焦土《しょうど》と化し、弾丸列車の夢は消えてしまった。

戦後、寸断された在来線の復旧に全力を注いだ当時の国鉄は、1957年、国鉄鉄道技術研究所の研究成果を発表する。「東海道線に広軌（標準軌）の新線を敷設すれば、電車列車方式で最高時速250キロメートルを出すことが理論的には可能で、東京～大阪間を3時間で走れる」というものだった。弾丸列車計画では時速2

00キロメートルを想定していたことを考えれば、時速を50キロメートルもスピードアップしての夢の復活だった。これに基づき、2年後には新丹那トンネル東口で起工式が行なわれ、夢の超特急工事が再開されたのである。

東京駅～成田空港わずか30分！なぜ、成田新幹線は幻と消えたのか？

東京近郊で最大の国際空港といえば、千葉県にある成田国際空港だ。しかし、東京から向かうとけっこうな時間がかかってしまう。電車の場合、東京駅から成田空港駅までは、JR・成田エクスプレスを使っても50分以上かかる。

こうしたことから、成田国際空港に対しては、「不便な空港」というイメージが定着している。

だが、じつは、東京駅から成田空港までの所要時間が、現在よりも大幅に短縮される計画がかつては存在していたのである。

その計画がスタートしたのは、1971年。東北新幹線や上越新幹線の整備計画とともに、東京駅と成田空港を結ぶ成田新幹線の整備計画が決定されたのだ。所要時間はなんと30分。現在の約半分の時間だ。

計画によれば、成田新幹線は東京駅と成田空港駅を結ぶ全長65キロメートルの路線で、東京駅、千葉ニュータウン駅（仮称）、成田空港駅の3駅が設けられる。東京駅から成田空港駅までノンストップの電車なら30分、途中駅の千葉ニュータウンに停車する電車でも35分という所要時間で、1日90本の電車が走る予定だった。完成予定は1976年。これによって、東京と成田空港の間は一気に近づくはずだった。計画決定の翌年の1972年には、成田空港内と東京ターミナルの一部の工事が着工された。

ところが、それから間もなく大きな問題が発生した。成田新幹線のコースの多くは住宅密集地にあり、新幹線による騒音や振動が生活を脅かすのではないかと不安視する声が強くなった。そうした声を受けて、沿線住民や自治体による反対運動が起きたのだ。

たとえ騒音や振動に悩まされるとしても、新幹線の恩恵が得られるのなら、彼らも多少はガマンする気になったかもしれない。だが、途中にあるのは千葉ニュータウンの駅だけで、それ以外の地域では新幹線はただ通り過ぎる存在でしかない。住民にとってメリットはほとんどないため、反対運動は激しさを増し、用地の買収も満足に進まなくなってしまった。

工事は大幅に遅れたものの、それでも1983年5月までに成田空港駅や一部の高架橋、トンネルなどが完成した。しかし、そこから先の工事は凍結。そして、国鉄が分割民営化によってJRになる際に、成田新幹線計画も立ち消えになってしまったのである。

こうして幻に終わった成田新幹線だが、建設済みだった設備の一部をJRの成田エクスプレスと京成電鉄のスカイライナーが使用しているのである。

東海道新幹線建設当時 貨物専用車両を走らせる計画があった！

大量の乗客を高速で運ぶ新幹線だが、じつは東海道新幹線の建設当時には、乗客だけでなく貨物の高速輸送も実施する計画があった。

この計画は、東京、静岡、名古屋、大阪付近に貨物駅を設置して、5トンコンテナ150個を積んだ貨物列車を夜中に走らせるというもの。走行速度は時速150キロメートルで、東京〜大阪間の所要時間は5時間半。各駅ではコンテナを在来線やトラックなどに積み替えて、輸送する構想だった。

この計画のもとで、実際に貨物列車の車体デザインも描かれ、試験用の車両までつくられた。また、大阪の鳥飼《とりかい》新幹線基地がつくられ、貨物列車用に本線との立体交差まで設けられた。

だが、現在に至るまで、東海道新幹線を貨物列車は一度も走っていない。結局、計画は実現しなかったのだ。

その背景には、鉄道による貨物輸送の衰退があるといわれる。扱う貨物が減って在来線で対応できる程度の量しかなくなったため、わざわざ新幹線を使って貨物を輸送する必要がなくなったわけだ。

しかし、それ以前に、もともとこの計画は一種のポーズだったともいわれている。

東海道新幹線建設にあたっては膨大な建設資金が必要だった。その費用をどこから調達するのか。当時の国鉄首脳らは世界銀行から融資を受けようと考えた。

そんななかで浮上したのが貨物輸送計画だった。当時は世界共通の認識として、鉄道は旅客だけでなく貨物も運ぶものと考えられていた。そこで、旅客に加えて貨物輸送の計画も立てたほうが、確実に融資を受けられるに違いないと、貨物輸送計画が立案されたというのである。

この計画が功を奏したのだろうか、日本政府は世界銀行に1億ドルの借款を申し入れ、調査団の検討の結果、1961年に8000万ドルの融資が受けられることになった。こうして東海道新幹線は国家的なプロジェクトとなったのだ。

もしも、開業後、旅客輸送が思うように振るわなかったならば、収益を補うためにも貨物輸送が実行された可能性もある。しかし、旅客事業が大成功し、新幹線に貨物列車を走らせる計画は幻に終わったのである。

負けていた台湾新幹線受注合戦 どうして日本は大逆転勝利できたのか？

日本の新幹線システムが海外に初めて進出したのが、２００７年に開業した台湾新幹線だ。

台湾高速鉄道株式会社が運営するこの鉄道は、台北《タイペイ》～高雄《カオション》間の３４５キロメートルを約90分で結ぶ。使用されているのは、ＪＲ東海とＪＲ西日本が開発した７００系の改良型７００Ｔ型と呼ばれる車両だ。車体は白をベースに、オレンジと黒の２本の線を配し、最高時速３００キロメートルで走行する。運行システムや駅などの施設も日本が納入したものだ。

じつは、この新幹線導入計画では、日本は完全に出遅れていた。交渉に参加するのが遅れたため、ドイツやフランスなどの欧州高速鉄道連盟に優先交渉権を奪われてしまっていた。どう考えても日本のシステムが採用される可能性は低いというのが、多くの人の見方だった。そして、その見方どおりに、一度はフランスのシステムの採用が決定してしまう。

ところが、その後、予想もしない逆転劇が起きる。フランスのシステムの採用は白紙に戻され、その代わりに日本の新幹線システムを採用。日本は車両システムや運行システム、駅などの施設建設の受注に成功したのである。

なぜ日本は逆転勝利できたのか。

最大のポイントは日本のシステムの耐震性にあった。受注合戦の最中の１９９９年に、台湾では台湾大地震が起きた。これによって、台湾側は新幹線の地震対策を強化する必要性を強く感じるようになったのだ。その点、地震国である日本の新幹線には、早期地震検知警報システム（ＵｒＥＤＡＳ《ユレダス》）が導入されるなど、高度な地震対策が行なわれていた。これが決定的な強みとなり、日本の逆転勝利となったのである。

さすがに欧州高速鉄道連盟はこの決定に怒り、台湾高速鉄道を国際商業会議所に提訴し、台湾側に賠償金の支払い命令が出るなど混乱が続いた。

結局、台湾側の６５００万ドルの賠償金の支払いで和解、日本のシステムによる台湾新幹線が開業し、現在も走り続けているのである。

第２章
車両の特徴

300キロの走行中に浮かぶ謎の数々

700系新幹線の「顔」はどうしてカモノハシになったのか？

かつては最速だった500系「のぞみ」はなぜ引退させられてしまったのか?

2010年2月末まで、東海道・山陽新幹線の中でも最速を誇ったのが500系「のぞみ」である。JR西日本が開発・量産した車両で、空気抵抗を少なくするために考案された円に近い断面のボディと、トンネルでの騒音を和らげるためのロングノーズ型と呼ばれる先細りの先端の形が特徴で、1997年3月から営業運転に使用されている。

500系は、時速300キロメートルでの営業運転を国内で初めて成し遂げた。おかげで、「のぞみ」の東京~博多間の所要時間はそれまでより15分短縮されて4時間49分となり、5時間の壁を切ったのである。

さらに、1997年には新大阪~博多間の平均速度の時速242・5キロメートルが世界一と認定されて、ギネスブックに掲載された。

ところが、こうした輝かしい記録をもつ500系が、2010年には「のぞみ」から引退。その後の転進先は、東海道・山陽新幹線の「こだま」になった。導入からわずか十数年しかたたないのに、どうして「のぞみ」を引退し「こだま」に使用されることになったのだろうか。

じつは500系は、スピードを追求するために、車体にさまざまな最新技術を駆使していることで、ほかの新幹線の車両とは異なる特徴をもっている。

たとえば、先端部を15メートルのロングノーズにしたために、他型の車両のように車両前後に乗降ドアをふたつ設けられず、また最前部と最後部の号車の座席数が少なくなっている。さらに、その不足分を編成内のほかの車両で補おうとしたため、車両ごとの定員も他型の車両と違ってしまっている。これでは、急なトラブルで車両を変更しなければならないときなどに対応できなくなってしまう。

そこでJR西日本では、「のぞみ」には新たに開発したN700系の投入を決定するとともに、2010年には500系を「のぞみ」から引退させることにしたのである。

あまりにスピードを追求したため、思わぬ誤算を招いてしまった500系。まだまだ速く走れるのに、「こだま」へ変更するとは、ちょっともったいない気がする……。

乗客定員最大の新幹線が走っていたのは東北・上越新幹線。その理由とは？

最もたくさんの乗客を乗せられる新幹線は、どの路線を走っている車両だろうか。こう尋ねられたら、ほとんどの人が「きっと東海道新幹線を走っている車両じゃない？」と答えるだろう。

東海道新幹線は、東京駅からは、新大阪方面に向かう新幹線が、5分おき、3分おきという短い間隔で出発している。しかも平日・休日、時間帯や季節を問わず、座席は大勢の乗客で埋まっている。東海道新幹線は常に大勢の利用者がいるために、「ドル箱」とまで称される。そう考えれば、当然かもしれない。

ところが、つい最近まで最も多くの乗客定員を誇っていたE4系の新幹線は、東海道新幹線ではなく上越新幹線を走っていた。2012年の7月以前、東北新幹線でも走っていたこのE4系は、1634名の定員で運行され、2021年に引退するまで高速列車では世界最大の定員数を誇っていた。では、どうして東北・上越新幹線で、それほどの輸送力の列車を走らせる必要があったのだろうか。

写真提供／JR東日本

2階建ての東北・上越新幹線E4系(8両編成)。16両編成時に座席定員1634名となったが、2021年10月に引退した

　定員数世界最大の高速列車が誕生したのは、単純に利用者数が多いからだけではなかったようだ。まず、東北・上越新幹線の計画段階では、新幹線で通勤する乗客がこれほど増えるとは予想していなかった。新幹線定期が発売された当初、それほど多くなかった新幹線通勤者はその後増加。なかでも増えたのは、東北新幹線の東京〜那須塩原間と、上越新幹線の東京〜高崎間である。通勤客たちは、ほぼ同じ時間に新幹線を利用するから、その時間は混雑することになる。ところが、増発して対応しようにも、東京駅の東北・上越新幹線のホームは1面2線しかなか

った。増発による対応は、限界にきていた。

利用者の増加には、発着する列車の本数を増やすか、一度に輸送できる乗客の数を増やすかのどちらかである。そこで、1編成の列車の定員を増やす方法がとられ、1994年には「Max《マックス》」という愛称のE1系が登場した。これは全車が2階建ての12両編成で、定員は1235人、通勤時の混雑緩和には大きく貢献した。

ところが、東北・上越新幹線は、時期によって乗客数が大きく異なり、繁忙期以外にE1系を運行させても空席が目立つばかりだった。

こうした東北・上越新幹線の特性を踏まえて考え出されたのが、E4系なのである。オール2階建ての8両編成で、定員は817名、1997年に営業運転が始まった。繁忙期には、16両編成で運行することで、定員1634名の新幹線が登場したのだ。混雑している時間帯や季節でも席に座れる乗客がぐっと多くなった。

では、「ドル箱」といわれる東海道新幹線の主力列車の定員はどれほどだろう。700系「のぞみ」の定員は、1319名。惜しまれつつ引退した2階建ての「Max」とは大きな差がある。

N700系には防犯カメラが内蔵されているってホント!?

ＪＲ東海とＪＲ西日本は、東海道・山陽新幹線を直通で運行させているため、共同で新型新幹線の車両開発に取り組んできた。ＪＲ東海は、品川駅開業で新しいビジネス客獲得を、ＪＲ西日本は航空機との競争から、それぞれ目的にかなう車両が必要と考えていたのである。

その結実が、Ｎ７００系車両だった。Ｎはｎｅｗやｎｅｘｔの意味を込めたものだというが、特徴のひとつは、加速性能の良さだ。東海道区間の最高時速２７０キロメートルならばわずか3分で到達してしまう。ある統計によれば、駅で弁当を買った人も、乗り込んですぐに食べる人はほとんどおらず、発車ベルが鳴って電車が動きだすと弁当を開くのだという。そこから「お弁当を楽しむ前に最高速度へ」というキャッチコピーも生まれている。

さらにCO_2排出量は航空機の10分の1以下であると省エネをうたい、携帯電話の感度や座席の座り心地の向上など、ＪＲ２社の期待が詰まった車両であった。

２００７年7月1日から運行し始めたこのN７００系に、まったく新しい発想から取り入れられたものがもうひとつある。それはJRの列車では初の防犯カメラだ。列車走行妨害や車内犯罪の抑止効果をねらったのだという。16両編成の1列車で58カ所あるすべての乗降口上部と、運転席入り口上部に取り付けられた2カ所の計60台が、運転中のすべてを録画しながら、万が一の列車テロなどに備えて新幹線乗客を守るというわけだ。

半面、予防の名目で市民を監視するのはプライバシーや肖像権の問題を含む微妙な面が否定できないという声も上がったが、JR東海では２０１７年12月に防犯カメラの設置を完了している。

山形新幹線・秋田新幹線だけ、なぜ〝ミニ新幹線〟と呼ばれるのか？

山形新幹線と秋田新幹線はじつは新幹線ではないといったら、たいていの人は首

写真提供／ＪＲ東日本

山形新幹線の車両E3-2000

をひねるかもしれない。東京駅へ行き、20番から23番の新幹線ホームで山形なら「つばさ」、秋田なら「こまち」に乗れば、それぞれ一度も乗り換えなしで東京と山形や秋田を行き来できるのだ。ＪＲの時刻表にも、「山形新幹線」「秋田新幹線」と表記されている。だが両新幹線は、本当は在来線で「新幹線」と呼ばれているのはあくまで愛称なのである。

そもそも、新幹線と在来線の違いはどこにあるのだろうか。１９７０年に施行された「全国新幹線鉄道整備法」では、新幹線を「主たる区間を２００キロメートル毎時以上で走行できる幹線」と定義している。ところが山形・秋田新幹線の在来線区間での最高速度は、時速130キロメートルと、この定義からはずれている。

これだけではない。ほかにも新幹線と山形・秋田新幹線を比べてみると、いくつもの違いがある。まずは車両の長さで、東北新幹線のフル規格の車両は25メートルだが、山形・秋田新幹線の車両はそれより5メートルほど短い。両者に「ミニ新幹線」という別の愛称があるのもうなずける。

違いは軌道にもある。新幹線は高速運転をするために、軌道は可能な限り直線で敷かれており、山陽新幹線以降にできた新幹線のカーブは半径4000メートル以上が基本である。しかし、在来線にはその10分の1、半径400メートルというカーブがたくさんある。

目に見える最大の違いは、踏切ではないだろうか。通常高速運転では緊急停止が難しいので新幹線と道路とは必ず立体交差とされ、踏切はひとつも存在していない。ところが、山形・秋田新幹線の路線には踏切がある。遮断機の向こうを新幹線が通るという光景は、じつに珍しい光景なのだ。

山形・秋田新幹線は、東北新幹線と直通運転はしているものの、車両を新たに開発して在来線の軌道幅を１４３５ミリメートルに広げ、新幹線と直結できるようにした、あくまでも在来線である。

通常ならば、在来線と新幹線のホーム間の移動は時間がかかる。大きな荷物を抱えて旅行する際などは、それが心理的圧迫になっていた。しかし、山形・秋田新幹線ならば、一度座席に着いてしまえば乗り換えなしで首都圏まで行けるのである。

山形・秋田新幹線を「新幹線」と呼ぶのは、新幹線との直通をアピールしたいJRの営業方針から始まったことであるが、今や利用者からも、両線は新幹線として親しまれているのである。

「さくら」「つばめ」の内装は和風！ 九州新幹線ならではのこだわりとは？

九州新幹線は、２００４年に、新八代《しんやつしろ》～鹿児島中央間の１３７・６キロメートルの区間で先行営業が開始された。在来線で長らく親しまれてきた特急の名を引き継

写真提供/JR九州

九州新幹線「つばめ」の和風な車内。西陣織風のシート地は、色も「緑青」などの伝統色だ

いだ「つばめ」だ。車両はアップダウンの多いこの区間用に開発された800系であり、最高運転速度は時速260キロメートルである。

その後、2011年3月に博多までの全線が開業。新たに導入されたN700系・8000番台による「さくら」「みずほ」が山陽新幹線経由で新大阪駅まで乗り入れた。800系は九州新幹線内の「さくら」「つばめ」として使用されている。

800系の外観はロングノーズの真っ白なボディに赤と金のストライプというシャープなデザインである。「九州新幹線ならではの車両」と人気を集めているのが、その内装だ。新幹線といえば機能的でスマートな内装が特徴とされてきたが、８００系はそこに「和」のコンセプトを取り入れている。

黒を生かしたエントランスを入ると、デッキにある洗面所の仕切りに目が奪われるだろう。通常ならばカーテンが据え付けられている部分に、縄のれんがかけられているからだ。この縄のれんは、熊本県八代平野で生産されたイグサを束ねてつくっており、地元の素材で乗客を迎えている。

客室の壁板には、鹿児島県産のクスノキが用いられている。近未来的な乗り物というイメージのある新幹線に木材が用いられているとは、どこか不思議な印象である。

壁板だけではない。座席を見渡すと、木材がふんだんに利用されていることに驚かされるだろう。シートの背もたれ、ひじ掛け、そしてテーブルが木でできており、しかも曲線美が生かされた温かみのあるデザインに仕上がっている。

また、座席に張られている布は西陣織の技法を用いたもの、ブラインドはサクラ材を使ったすだれ風と、「和一色」の空間で演出されている。

８００系のデザインを手がけた水戸《みと》岡鋭二《おかえいじ》氏の著書『ぼくは「つばめ」のデザイ

ナー』によると、この大胆なデザインが採用された理由のひとつに、2004年に先行営業した新八代〜鹿児島中央間が、なんと区間の70パーセントがトンネルのなかという特殊な事情にある。トンネルの中で窓の外を見ても真っ暗なばかりで、乗客は風景を楽しめない。ならば、客室の中で思う存分リラックスしてもらおうと、検討を重ねた結果のデザインなのだそうだ。

新幹線の「顔」は半世紀の歴史の中でどのように変化してきたか？

1964年の開業から半世紀、東海道新幹線を皮切りに、山陽・東北・上越・北陸・九州・北海道、ほかにも山形・秋田のミニ新幹線と、つぎつぎに路線網を広げてきた。その年月のあいだに、鉄路を彩った車両たちも多彩である。

まず、なんといっても団子っ鼻状の先頭部分が愛されつつも、2008年に姿を消した0系が「ひかり」として鉄道新時代到来を告げたのが、東海道新幹線だった。

このとき、東京～新大阪を4時間で走っていたが、1985年に「シャークノーズ」ともいわれる100系へのモデルチェンジで3時間を切り、1992年には300系「のぞみ」で2時間半と記録を伸ばした。

そのあいだに山陽新幹線も開業して、新型車両は先頭形状に工夫を凝らしながら、スピード化、安定走行、環境対策などが施されてきた。

1997年にお目見えした500系は、前部を削ぎ落としたような長く滑らかな先頭部分で、1999年誕生の700系は、カモノハシやペリカンの顔にたとえられ、話題をさらった。

2007年に登場したN700系は高速化と車内での快適性の両立が追求され、2013年には、さらなる改良が加えられたN700Aが営業運転を開始。2020年には13年ぶりのフルモデルチェンジ車両N700Sが登場した。

九州新幹線では、2004年の新八代～鹿児島中央間の開業に合わせて、JR九州が初めて開発した新幹線車両800系がいまだに健在。現在は九州新幹線内で「さくら」「つばめ」として使用されている。

東北新幹線の次世代主力車種のE5系は、2011年3月に東京～新青森間の

「はやぶさ」として営業運転を開始。当初、時速300キロメートルだったが、2013年3月から宇都宮~盛岡間で時速320キロメートルの運転を開始している。

秋田新幹線を走るE6系は、その赤いボディが特徴で、E5系との併結運転車両は、両車両の鮮やかな色の対比が鉄道ファンを惹きつけている。

新幹線の進化はこれで終わらない。

さらに2015年春に金沢まで延伸開業した北陸新幹線用に、新しい車両が開発されている。JR東日本とJR西日本の共同開発で、JR東日本ではE7系、JR西日本ではW7系と命名された。

この半世紀の新幹線の歴史で、その顔や特徴は大きく進化してきた。先頭の形とカラーリングを見ただけで、どの車両かわかるようになれば、新幹線の旅はグッと楽しくなるはずだ。

新幹線の「顔」変遷史

各時代の最高の技術が注がれた新幹線。その車両開発の歴史は個性的な「顔」にも表れています。ここでは開発母体ごとに、「国鉄」「JR東海またはJR西日本（共同含む）」「JR九州」「JR東日本」に分けて紹介します。

国鉄

1964年10月デビュー

最高時速220㎞。高度成長の象徴であり、「SHINKANSEN」の名を世界に広めた初代形式。2007年には機械遺産に認定された。2008年11月に山陽区間で「こだま」としての運行を終え、引退した。

1982年6月デビュー

最高時速240㎞（一部区間時速275㎞）。東北・上越新幹線用に開発。東海道新幹線が雪に苦しめられたため、しっかり雪対策が施された。

1985年10月デビュー

最高時速230㎞。シャープな先頭部がシャークノーズと呼ばれる。かつては2階建て車両も連結された。

JR東日本

最高時速240㎞。混雑する首都圏でも着席できるようにとオール2階建て12両編成で登場した初代「Max」。

最高時速240km。山形新幹線「つばさ」用として開発。新幹線区間と在来線区間の双方を走るため、車体は従来よりもコンパクト仕様。

最高時速320km。豪華なグランクラスをもつ車両として話題に。2016年に一部開業した北海道新幹線では、このE5系をベースにした車両が導入された。

最高時速240㎞。オール2階建て車両。16両編成時の座席定員1634人は高速列車として世界最大の規模を誇っていた。

最高時速275㎞。新幹線と在来線直通用。400系と同様に一般の新幹線車両よりも一回り小型に作られている。

最高時速275㎞。長野新幹線「あさま」及び東北新幹線「やまびこ」に使用する車両として開発された。

最高時速260km。JR東日本とJR西日本の共同開発車両で、正式にはJR東日本所有車がE7系、JR西日本所有車がW7系とされる。

最高時速320km。赤を基調とした車両のデザインは、スポーツカー「フェラーリ」を手掛けた世界的デザイナー・奥山清行氏が担当している。

JR東海・西日本

300系
1992年3月デビュー

最高時速270㎞。JR東海が東海道新幹線の高速化を図り開発。「ひかり」より速い初代「のぞみ」として登場。

500系
1997年3月デビュー

最高時速300㎞。革新的な超ロングノーズと円筒形車体などのデザインで、環境性能・空力性能を追求した。

700系
1999年3月デビュー

最高時速285㎞。JR東海・JR西日本共同開発。カモノハシに似た先頭部で空力性能と室内空間確保を両立。

N700系
2007年7月デビュー

最高時速300㎞。車体傾斜装置などで高速化。2009年からは無線LANによるネット接続サービスが始まる。

N700S系
2020年7月デビュー

最高時速285㎞。安全性や快適性について最高レベルでの提供を目指して開発された。走行試験では360㎞に到達。

JR九州

800系
2004年3月デビュー

最高時速260㎞。九州新幹線は急勾配があるため全車両モーター付き。和をコンセプトにした内装が目を引く。

東海道・山陽新幹線の完成型 N700系に仕掛けられた技術とは？

Ｎ７００系は、ＪＲ東海とＪＲ西日本が共同開発し、東海道・山陽新幹線では6代目になる車両として、２００７年7月1日から営業運転を開始した。

当時の最新技術を駆使した車両だけに、多くの特徴をもち、なかでも東海道区間の全線を時速２７０キロメートル、山陽区間では時速３００キロメートルで走行できるスピードが、最大の特徴として注目を集めた。そして、このＮ７００系の導入によって、東京～新大阪間の所要時間は従来よりも5分短縮されたのである。

わずか5分の短縮だが、ここには新技術の成果が見てとれる。

その秘密は車体の傾斜角度にある。Ｎ７００系は、新幹線としては初めて「車体傾斜システム」を導入。これは、先端技術を融合して、10年の歳月をかけて開発されたシステムで、遠心力が緩和される。車両がカーブに差しかかった際に、空気バネが働いてカーブより早めに車体を1度、カーブの内側に傾ける。これによってカーブでの減速が抑えられて、その分スピードがより速くなるのである。

N700系車体傾斜システム

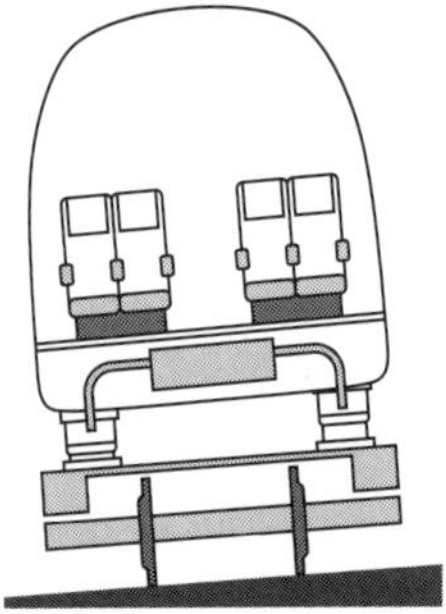

N700系は、車体の角度を一度カーブの内側へ傾け、
最高速度のままカーブを駆け抜ける。

参考：JR東海HP

この「車体傾斜システム」によって遠心力が緩和され、カーブの外側へ引っぱる力（横G）が抑えられて乗り心地も快適になった。従来ならカーブに差しかかると、乗客は横Gによって大きく左右に体を振られたが、それが小さくなったのだ。

スピードアップという点では、車体の形状も工夫してある。時速300キロメートル走行時の空力性能を高め、かつ客室空間も確保するために、先頭部の長さを700系よりも長い10・7メートルとし、より複雑な凹凸で構成される「エアロ・ダブルウィング形状」となった。

２０１３年３月には、Ｎ７００系以降の技術開発成果を取り入れたＮ７００Ａがデビュー。このＮ７００Ａは、従来型のＮ７００系をベースに、中央締結ブレーキディスクや定速走行装置を導入するなどの改良を加えたもので、２０２０年には東海道新幹線全列車の最高時速が２８５キロメートルにアップした。

そして２０２０年７月に、東海道・山陽新幹線で営業運転を開始した最新車両がＮ７００Ｓだ。試験運転で最高時速３６０キロメートルに達し、乗客の快適性の向上にも成功している。

東京〜大阪を67分で結ぶ中央リニア新幹線では運転士が消える!?

山梨県の富士山の北側にある山梨リニア実験線は、「中央リニア新幹線」の実現を目指す国家プロジェクトとして、1990年に設けられたものだ。

中央リニア新幹線とは、東京から神奈川県、山梨県甲府市付近、長野県、岐阜県、名古屋市付近などを経由して大阪に至るルートの新幹線だ。その最大の特徴は、リニアモーターカーを使用した新幹線だという点。リニアモーターカーは、レールに車輪を回転させて走る従来の鉄道ではこれ以上のスピードアップが難しいとされ、新たに考案された画期的な輸送システムである。

リニアモーターカーは、車両に「超電導磁石」を積み、磁力で浮いて走行する。物質をある温度以下に冷やすと電気抵抗がなくなる現象を「超電導現象」というが、これを利用すると、一度磁石に電流を通しただけで、半永久的に磁界が発生し、高速運転が可能になる。理論上は、時速500キロメートル走行が可能で、中央リニア新幹線は、東京～大阪間をわずか67分で結べる計算になる。

中央リニア新幹線が開業すると、運転の仕組みも大きく変わることになる。なんとリニア新幹線からは運転士の姿が消える可能性が高いのだ。

リニアモーターカーは時速５００キロメートルものスピードで走行するだけに、あまりの速さで目視による運転ができない。また、リニアモーターカーは、車両のモーターで加速や減速するのではなく、地上のコイルの電流を制御して列車を運行させるシステムなので、運転は運転席ではなく地上で全操作を行なうことになる。よって、中央リニア新幹線には運転士が必要なくなるのだ。

ただし、巨額の建設費をはじめ難問が山積しているため、１９９０年のプロジェクト始動以来、具体的な実現の動きはこれまでなかなか前にすすまなかった。

２０１３年９月、ＪＲ東海は２０２７年に東京～名古屋間、２０４７年には大阪までの全線開業を目指すとの具体案を表明し、２０１４年12月に着工した。東京～名古屋間は最速で40分、東京～大阪間は最速で67分の見込みだとも述べた。しかし、水資源への影響を懸念する静岡県での工事が認められず、２０２７年の開業は難しくなってきている。

永遠にお別れではない！引退した0系新幹線に会えるところがあった！

２００8年11月30日、山陽新幹線博多駅は、多くの鉄道マニアであふれた。この日で引退する0系新幹線「こだま」が、最後の仕事を終えて博多駅ホームにすべり込む姿を目に焼きつけたり、カメラに収めたりする人々だった。

しかし、この日の「こだま」を撮りそこねたからといって、もうまったく見られないというわけではない。これからも「こだま」に会える場所は、鉄道博物館（さいたま市）をはじめ、いくつかあるからだ。

そんななかで、海外にも「こだま」に会える場所がある。それは、イギリスのヨーク国立鉄道博物館だ。ここは、１８００年代に製造された初の蒸気機関車をはじめ、３００両近くの実際に使われた列車が展示されているという世界最大の鉄道博物館である。

２０００年、この世界的交通博物館が当時ＪＲ西日本が所有していた交通科学博物館（大阪市）や梅小路《うめこうじ》蒸気機関車館（京都市）と姉妹博物館として提携。このとき、日本側から記念品の寄贈が検討された。そこで選ばれたのが、０系新幹線だったというわけだ。贈られたのは、１９７６年製造で、２０００年まで実際に使用されていたこだま号の先頭車両。現役引退後すぐに塗装が新しくされ、３月にはイギリスへと船出していった。翌年の７月にはヨークで第二の人生となる展示のお披露目がなされ、今も訪れる人々に、日本の超特急の紹介役を果たしている。

鉄道博物館以外でも０系に会えるところはある。たとえば、東京青梅市の青梅鉄道公園。ここでは０系新幹線の22－75が保存されている。車内にも入れ、運転席やオリジナルの転換式クロスシートに腰掛けられる。そのほか、静岡県富士市の新通町公園、大阪府摂津市の新幹線公園で、０系新幹線が保存されている。

変わり種では、ＪＲ四国が気動車のキハ32形を改造して制作した「鉄道ホビートレイン」がある。この「鉄道ホビートレイン」は、０系新幹線のようなノーズをつけ、０系のようなカラーリングを施されたなんともユニークな気動車で、ネット上でも一時、話題になった。２０１４年３月15日から予土線の宇和島（愛媛県宇和島市）～窪川（高知県四万十町）で運行している。

子どもでも運転できる新幹線が存在するってホント?

500系新幹線は、JR西日本の開発で1997年3月、山陽新幹線の新大阪~博多間で「のぞみ」としてデビューし、時速300キロを営業運転で実現して話題になった。ジェット機のような鋭い先頭車両のロングノーズとスタイリッシュな車体で、〝イケメン列車〟として人気だったが、2010年に、ファンに惜しまれながら「のぞみ」は引退。現在は8両編成の「こだま」号(新大阪~博多)のみが運用されている。

しかし今でも、ほかの新幹線と異なるその〝顔つき〟に根強いファンをもっている車両である。その500系こだまが、子ども連れで乗車する親子に人気があり、再び脚光を浴びている。

それは、8号車に子どもが運転できる「お子様向け運転台」が設置されていること。実車の運転台同様の横軸式のブレーキハンドルとマスターコントローラーを備えており、運転操作体験ができるのだ。もちろん、模擬運転台ではあるが、新幹線を運転している気分を味わえるとあって、子どもは大喜びである。

設置の経緯についてＪＲ西日本の広報部によると、「小さい子どもが新幹線を楽しめるようにしてほしい」という利用客からの熱い要望があり、設置が実現したという。「こだま」は各駅停車なので新大阪〜博多間は5時間ほどかかるが、運転台で遊べるとあって小さい子どもでも退屈せずに過ごせるという。

また親にとっても「のぞみ」に比べて混まないので、子ども連れでもゆったりと過ごせると好評のようだ。

現在、一日に下り8本、上り8本が運行している。ただ運行上、子ども向け運転台を設置していない車両に急遽変更する場合があるようなので、この運転台が目的で乗車するなら、事前に確認したほうがいい。

1カ月にわずか3回だけ走る真っ黄色な新幹線の正体とは？

一般的な新幹線のイメージは、白やシルバーなどの淡いボディカラーで、青か緑の細いラインが車体の横を走っているといったところだろう。ところが、東海道・山陽新幹線を走る、車体が目も覚めるような濃い黄色に塗装された珍しい列車がある。それは「ドクターイエロー」の愛称をもつ車両だ。

この列車は、ドクターの名のとおり新幹線のお医者さんで、700系をベースに開発された検測用車両。いわば「定期健診」のために線路上を走っている。ドクターイエローが検査しているのは、軌道、電力、信号、通信設備で、新幹線の営業電車と同じ時速275キロメートル程度の速度で走行してみて異常がないか点検するのがその役割だ。

たとえば、かつては熟練の保線工がレールを叩いて歩きながら、音の変化で異常を見つけたような仕事を、車両に備えた機器で行なう。7両編成のドクターイエローでその役を担うのが４号車の軌道試験車で、特別なセンサーを備えた台車を装着して軌道の検測をする。センサーが異常を感知すれば、その区間を管轄する保線所に即時に連絡して、点検・補修が行なわれる仕組みだ。

ほかにも７号車はＡＴＣなど信号関係の点検を専門に行なう車両で、２号車は装着した特別のパンタグラフで、架線の異常をチェックするなど、各車両内にはコンピューターの端末画面がいくつも並んで、測定状況を瞬時に表示できるシステムが整っている。夜間走行だったため目立つ黄色に塗装されたが、今は昼間、のぞみダイヤで１カ月に３回、こだまダイヤで１カ月に１回程度走っているというから、万が一見かけたら幸運である。

ドクターイエローは、正式には「電気・軌道総合試験車」と呼ばれる。ＪＲ東日本は色こそ黄色ではないが、同じように「電気・軌道総合試験車」を東北・上越・北陸・北海道などの新幹線に走らせており、こちらはＥａｓｔ　ｉ（イーストアイ）の愛称がある。

700系新幹線の「顔」はどうしてカモノハシになったのか？

２００８年11月いっぱいで姿を消した0系新幹線は、新幹線の初代である。先頭車両の団子っ鼻のような姿は、現在から見れば愛嬌のあるものではあるが、青と白ツートンのボディカラーとともに昭和を代表する憧れの列車だった。

この0系から、３００系、５００系とモデルチェンジするにつれ先頭車両の形状は先端部分（ノーズ）を伸ばして、より先鋭な印象を与えるように変化していった。この先鋭化は、ひとつには走行中の空気抵抗をできるだけ小さくして速度を速くするための工夫であり、結果、３００系は時速270キロメートル、５００系は３００キロメートルと最高速度記録を更新していった。

具体的な数字で見ると、ノーズ部分の長さが、0系で約4・5メートル、３００系で6メートル、５００系になると一気に15メートルにまで伸びている。ところが、さらにモデルチェンジした１９９９年登場の７００系では、９・２メートルと短く

新幹線のノーズの変化

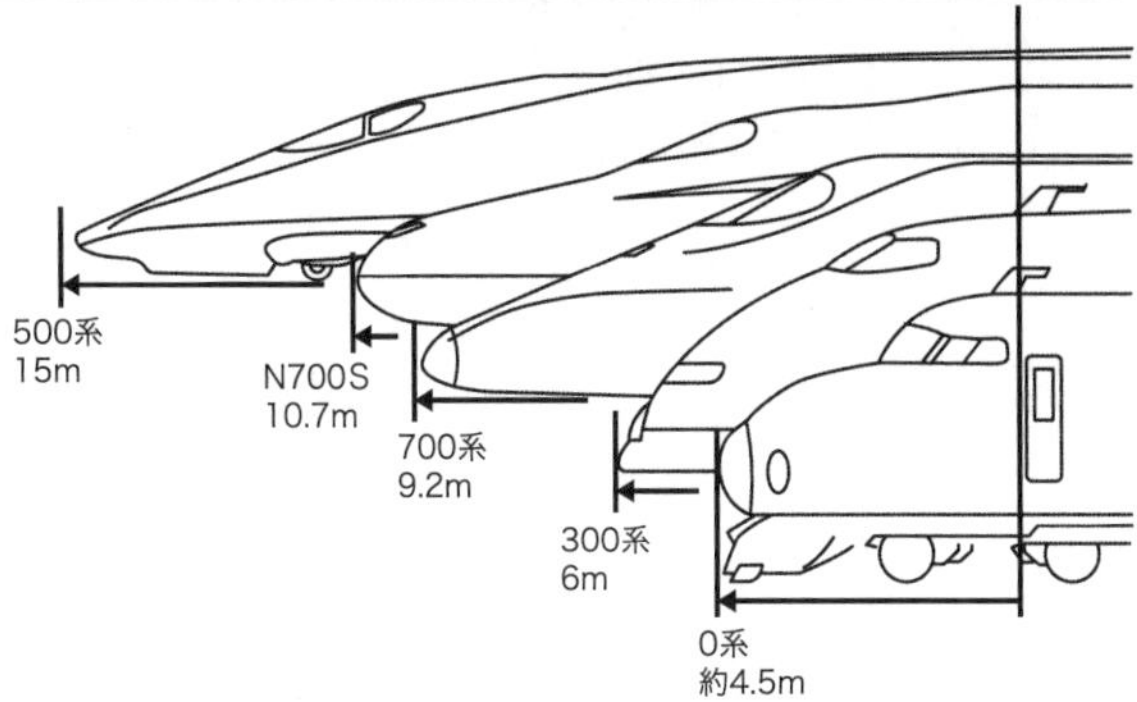

歴代のおもな車両。先頭部の形は大きく変化した。

なっている。ノーズから運転台、客室へと続く面が複雑な曲面で構成され、先頭車両はまるでカモノハシの顔のような姿になった。

先頭部分の徐々に長くなっていたノーズが短くなり、しかも張り出したかと思うとくびれがあるカモノハシの顔のようになったのは、いったいどういうわけだろう。

新幹線にとって、スピードアップはもちろん重要課題ではあるが、それ以外にも重視しなければならない課題があった。たとえば「新幹線の列車同士がすれ違うときの車体の揺れを減らす」「走行中の車体が生み出す空気の流れが最後尾の車両の揺れを大きくするのを抑える」などの改良だ。

なかでも、トンネル進入時に発生する大音響は一番の問題だった。列車が高速でトンネルに入ると、入り口付近の空気は圧縮され急激に奥に押しやられる。この空気が生み出す圧力波がトンネルの奥へ奥へと伝わると、出口で「ドン」という爆発音のような大きな音が発生してしまうのだ。

この音は長いトンネルほど大音響になる。騒音発生の原理がわかり、500系ではトンネル突入時に生じる気圧変化を緩和するため、長いノーズとなった。だがこれでは先頭車両の客室の天井が低くなり、座席数が減るなどの課題が残った。こうした課題を踏まえて開発された車両が700系だ。

700系はノーズを短くし、単純な流線型ではなく正面から見ると運転席の前にはくびれがあり、さらに下へ行くと今度は張り出した部分がある。くびれ部分は、トンネル突入時の気圧変化を抑える効果があり、張り出し部分は、運転台からの視野を確保している。

700系は500系に比べて、最高速度285キロメートルとややスピードは落ちるものの、ノーズが短くなったぶん先頭車両の客席数を確保でき、乗り心地も騒音も大きく改善されたのである。

新幹線は再び世界最速に返り咲くことができるのか？

海外の高速鉄道のなかでも、フランスのＴＧＶを知っている人は多いだろう。２００７年に、走行実験で時速５７４・８キロメートルという驚異のスピードを出して世間を驚かせたが、さすがにこの速さでは、列車内で立っているのも困難だったようだ。

ＴＧＶは営業運転においても、時速３２０キロメートルと世界最速を誇る。だが、１９８１年までは世界最速鉄道の代名詞といえば日本の新幹線だった。新幹線は、１９６４年の開業時には時速２００キロメートル、翌年には２１０キロメートルで東京〜新大阪を3時間10分で結んだ。以来17年間、新幹線は世界一速い鉄道として走り続けたのである。時速２００キロメートルを超えた鉄道・新幹線の登場は当時、世界に衝撃を与えたが、鉄道先進国だったヨーロッパも負けてはいなかった。

1981年、TGVは時速260キロメートル運転を開始して、新幹線を追い抜き世界一の速さに躍り出るや、1989年にはとうとう時速300キロメートルの大台を突破した。

もちろん日本のスピード化も負けてはいない。1992年に時速270キロメートルを出す「のぞみ」が登場し、1997年にはJR西日本の500系が時速300キロメートルの運転を開始した。

そして、2013年3月16日から、日本もついに東北新幹線のE5系「はやぶさ」が営業運転の速度をTGVと同じ320キロメートルに上げた。また、2014年3月のダイヤ改正で秋田新幹線のE6系「こまち」も最高速度を320キロメートルに引き上げられた。

日本は再び、ヨーロッパと肩を並べることになったわけだが、今やライバルはTGVだけではない。新幹線とTGVのスピード競争に触発されたのか、列車のスピードアップはほかのヨーロッパ諸国やアジアにも広がっている。

たとえば、ドイツのICEも時速320キロメートル台で営業運転を行なっている。また、新幹線のように車輪でレールを走る方式の軌道式鉄道とは異なるものの、世界初の営業用浮上式リニアモーターカーである中国・上海のトランスピッドは、約30キロメートルの短い区間ながら最高速度４３０キロメートルでの営業運転を実施している。

スペイン版新幹線は在来線よりなぜわざわざ狭い軌間にしたのか？

日本の新幹線が誕生して以来、フランスをはじめヨーロッパのいくつかの国で「〇〇版新幹線」と呼ばれる高速列車が走るようになったが、日本の新幹線とは条件が大きく違っていた。

日本の場合、在来線とはまったく別の新しいレールを敷設した新線が建設されたが、ヨーロッパでは既存のレールを利用して、車両の性能を良くした高速列車を走らせていたり、たとえ新線工事をしていたとしても、一部は既存の路線を使い、超特急以外の列車と共用したりしているのである。

たとえばフランスのTGVにしても、1981年に開業したパリ～リヨン間の新線といいながら、パリ近郊とリヨン近郊は在来線上を走っていたのが実情だ。

日本の場合、新幹線を計画したとき、高速走行での安定性を考慮し、国内の在来線で使われている1067ミリメートルの狭軌を、1435ミリメートルの世界の標準軌に変更する必要性があった。ところがヨーロッパは、最初から標準軌が敷かれている。このためヨーロッパでは、新車両の開発は必要だったが、軌道は従来の施設を流用できたというわけだ。

そんななかにあって、スペインのAVEだけは、日本と同様に、全線を新規に敷設して誕生した高速列車路線である。スペイン語で「スペインの高速」を意味する言葉の略語であるAVEは、最高時速270キロメートルでマドリード～セビリア間を1992年に運行し始めた。

高速鉄道を走らせるために、新しい路線を建設した点は、スペインはヨーロッパで唯一、日本と同様の環境だ。しかし背景は、日本とまったく逆である。スペインが新しく路線を敷いたのは、高速鉄道の軌間を在来線より狭くするためだった。

じつはスペインの鉄道は、ヨーロッパ諸国が使う標準軌よりさらに広い軌間のレール（１６６８ミリメートル）が敷設されていたため、陸続きであるにもかかわらず相互乗り入れができずにいたのである。フランスのＴＧＶ開通に刺激されて、将来的には乗り入れをしようという計画で、新線建設に至ったのだという。

現在では、マドリードを拠点に第二の都市バルセロナ、さらに南部のセビリア、コルドバ、マラガ、東部のバレンシアなど、主要都市を結んで走っている。また、２０１３年12月15日からは、フランスのＴＧＶがパリ〜バルセロナ間を直通するほか、スペインのＡＶＥもフランスの３都市に乗り入れを始めた。

北海道新幹線の先頭車両がやたらと長い理由とは？

２０１６年3月26日、北海道新幹線の新青森〜新函館北斗間が開業した。これにより、新幹線車両が初めて北の大地を疾走することになった。新函館北斗〜札幌間の工事も進んでおり、２０３０年度末の開業が予定されている。

北海道新幹線を走る車両は、これまで東北新幹線を走ってきたＥ５系と、ＪＲ北海道が北海道新幹線のために新たに用意したＨ５系。どちらの車両も、緑と白の車体に紫の帯がかかっており、何よりも約15メートルに及ぶ長い先頭車両が特徴的だ。

一般的に新幹線車両は先頭部が尖った構造になっている。88ページでも紹介したように空気抵抗や騒音などの対策として考案されたものだ。それにしても、北海道新幹線の先頭車両はやたらと長い。従来の車両のフォルムからさらに長くなっている。なぜ、これほど長いのだろうか。

こうしたデザインになった背景には、新幹線の高速化と北海道新幹線ならではの理由があった。

Ｅ５系とＨ５系の最高速度は時速３２０キロメートルだが、北海道新幹線では原則、時速３２０キロメートル運転を行なわず、時速２６０キロメートルを最高速度としている。しかし、ゆくゆくは時速３２０キロメートルへの速度向上を目指している。そうなったときに問題となるのが騒音だ。高速運転を行なうと、どうしても騒音が発生してしまうのである。

また、トンネル進入時に圧力波も起こる。もともと北海道新幹線の路線にはトンネルが多い。世界で2番目に長い鉄道トンネルの青函トンネル（53・9キロメートル）があるし、新函館北斗―札幌間はなんと約80パーセントがトンネル区間となる。そうしたトンネルに高速鉄道が進入すると、トンネルの出口で「ドン」という大きな音が発生する。いわゆるトンネル微気圧波である。

E5系とH5系のロングノーズは、そんな音のトラブルを低減するために考案された。長い鼻は、騒音対策やトンネル対策を目的につくられたデザインなのである。

北陸新幹線のパンタグラフが丸見えなワケは？

新幹線車両の屋根の上には、細い棒が伸びている。「パンタグラフ」と呼ばれる部品のひとつである。

新幹線や在来線は、線路の上の架線（電線）から電気を採り入れ、それをモーターに送って走っている。電気を採り入れる役目を担っているのがパンタグラフで、通常は遮音板の横に設置されている。

遮音板とは、音を遮るための板のこと。これがあることにより、パンタグラフと架線が高速でこすれ合い、激しい音が出ても、騒音にならずにすむ。そのため、最近の新幹線車両には必須の部品とされていた。

ところが、その遮音板を設置していない変わり種の新幹線車両が登場した。それは北陸新幹線のE7系とW7系だ。

北陸新幹線は2015年3月に長野〜金沢間が延伸開業し、東京〜金沢間がおよそ2時間半で結ばれた。2024年には金沢〜敦賀間が開業予定で、ゆくゆくは新大阪までの延伸が予定されている。

そんな北陸新幹線のために製造されたのがJR東日本のE7系とJR西日本のW7系なのだが、どういうわけか遮音板がついておらず、赤いパンタグラフが丸見えの状態になっている。見てはいけないものを見ているようで、なんとなく気恥ずかしさを感じる鉄道ファンもいるだろう。

なぜE7系とW7系には、遮音板がついていないのだろうか。その理由は、北陸新幹線の最高速度に関係している。

北陸新幹線の最高速度は時速２６０キロメートルと、最高速度が時速３００キロメートルに達する東北新幹線や山陽新幹線と比べると、やや遅い。パンタグラフと架線がこすれ合って出る「シュー」という音は、スピードが速いほど大きくなり、時速３００キロメートルでは騒音レベルになるが、時速２６０キロメートル程度ではそれほど気にならない。そのためＥ７系とＷ７系では、遮音板を排除してしまったのだ。

すでに引退してしまったが、ＪＲ東日本の新幹線車両Ｅ１系やＥ４系も、Ｅ７系やＷ７系と同じように遮音板がつけられていなかった。

西九州新幹線開業！独特のデザインの新車両に迫る

2022年9月、JR九州の西九州新幹線が開業する。西九州新幹線とは、九州新幹線西九州ルート（博多〜長崎）のうち、武雄温泉駅と長崎駅を結ぶ約66キロメートルの路線の名称である。

列車名は「かもめ」。これは長年親しまれてきた博多〜長崎間の特急の名前を受け継いだ、長崎にゆかりの深い名前となっている。

「かもめ」をひと目見て誰もが感じるのは、フォルムデザインの斬新さだ。純白に赤いラインが映えるツートンカラーで配色されており、ドア付近には毛筆の書体で「かもめ」と書かれている。

赤白の配色を無難に感じる人もいるかもしれないが、じつはかなり大胆な配色である。というのも、「かもめ」に使われている白色は、建築物や鉄道車両ではめったにお目にかかれない珍しい色。通常、鉄道車両などには汚れが目立たない灰色が

西九州新幹線「かもめ」の車両。赤白のツートンカラーが印象的で、「かもめ」の毛筆書体は青柳会長によるものである。

かった白色を使う。これに対し、「かもめ」では純白の一歩手前の真っ白な色を使っている。乾いた水のしずくでさえ汚れとして目立つほどの白さで、赤色とのコントラストがとても鮮やかだ。

真っ黒な車両、真っ赤な車両、赤と白の車両の３つの候補があったが、ＪＲ九州のコーポレートカラーである赤色を使って明るく元気なものにしたい、という理由で選ばれたという。

毛筆書体はＪＲ九州の青柳俊彦会長の直筆で、車体の18カ所に施されている。その毛筆書体のほかにも

「KAMOME」のロゴをたくさん施し、車両のどの場所からでも記念写真を撮れるように配慮している。

　車内デザインはどうかというと、和洋のクラシックモダンをベースとした上質な雰囲気にまとめられている。指定席では車両ごとにデザインが異なり、たとえば3号車の車内はクリーム系の上品な色合いで、ひじ掛けやテーブルなどに木を多用し、温かみがあり居心地の良い空間をつくり出している。

　この「かもめ」のデザインを担当したのは水戸《みと》岡《おか》鋭治《えいじ》氏。豪華観光列車「ななつ星in九州」など、ＪＲ九州の列車をはじめとして、全国でユニークかつ大胆なデザインの鉄道車両を手掛けてきた人気の工業デザイナーだ。

「かもめ」は、30分足らずの乗車時間ながら、もう一度乗りたくなるような魅力と快適さを兼ね備えた車両といえるのである。

第3章
乗務員・サービス

乗客にはわからない乗務員の仕事

指定席券を買うと振り分けられる席どんな法則で決められているのか？

グランクラスは世界でも豪華トップクラス！

２０１１年3月から東京～青森間で運行開始となった東北新幹線のＥ５系「はやぶさ」。その営業開始に合わせて、これまでのグリーン車を上回るファーストクラス級の乗り心地とサービスを提供する「グランクラス」車両が導入された。特急列車にも世界一のハイクラスを提供しようと設けられたものだ。

「はやぶさ」で営業がスタートした後、Ｅ５系を用いた「はやて」「やまびこ」「なすの」や、Ｅ７系を用いた長野新幹線（北陸新幹線）の「かがやき」「はくたか」などでもグランクラスが設定されている。

Ｅ５系のインテリアのコンセプトは「ゆとり（Comfort）」「やさしさ（Gentleness）」「あなたの（For you）」であるが、グランクラスのデザインとサービスもこのコンセプトに沿ったものだ。

10両編成中、新青森方面の先頭車両1両のみに設けられ、定員わずか18名である。普通車ならば5名分（3席＋2席）の座席幅にひとり掛けの座席とふたり掛けの座席の計3席が6列しか並ばないという贅沢なゆとりである。

リクライニングシートは最大45度倒れ、レッグレストとフットレストも連動して動く。備え付けのスリッパに履き替えてレッグレストに足を預けた座り心地は快適そのものだ。

各座席にはアーム型の読書灯、引き出し式の大型テーブルは半分に折りたたんだり、スライドできたりとさまざまな使い方ができる。毛布、スリッパ、アイマスクのアメニティグッズはもちろん、新聞、雑誌まで用意されている。

そしてぜいたくの極みは、グランクラス専用アテンダントによる車内サービスだろう。発車間もなくおしぼりサービス、ウエルカムドリンクのサービスがあり、和食と洋食の軽食サービスを好きな時間に提供してもらえるほか、茶菓のサービスもある。飲み物はコーヒー、ジュースなどソフトドリンク、ビール、ワインなどのアルコール類を無料で注文できる。

女性専用トイレ、洗面所は3カ所もあり、ベビーベッドや赤ちゃん用椅子も設置されている。客室はまさに、コンセプトどおりにゆとりとやさしさにあふれた、エレガンスそのものといえる。

ただ、このサービスは新型コロナウイルスの感染拡大により窮地に立たされ、列車によってはアテンダントによる飲食・軽食サービスが廃止されるなど、縮小路線に転じている。コロナ収束により元のサービスが復活することを期待したい。

新幹線の運転士と在来線の運転士では給料はいくら違うのか？

厚生労働省の『賃金構造基本統計調査 令和元年』から推計すると、電車運転士の現金給与は、31・2歳で月30万円、賞与も含めた推定年収は518万円だ。

クルマの運転に自動車運転免許証が必要なのと同じで、電車の運転にも免許が必要だ。たとえば、JR東日本の山手線電車の運転士は、「電気車」の運転免許保持者である。しかし、この運転士はJR東日本が走らせている東北新幹線や上越新幹線を運転することはできない。新幹線運転士には「新幹線電気車」の運転免許が必要だからだ。

この免許取得には、在来線運転士が、ＪＲ社内での新幹線運転士募集があったとき応募し、社内試験に合格するのが第一歩になる。そこから新幹線運転士養成のための教習所で講習を受けて、新しい免許の交付を受けられるのである。

これだけの手順を経て初めて新幹線の運転士になれるのだから、新幹線運転士のほうが、給料は高いと思われて当然だ。ところが、ＪＲ東海によれば、両方の運転士に所有免許による給与差はないという。両者が受け取る給与に差が出るのは、キャリアや評価による差はあっても、同じ年齢、同じ入社年度、勤務年数が同じなら、同じ給与額なのだそうだ。

もともと電気車の運転免許は、鉄道会社に入社後、駅務員、車掌と数年の鉄道業務を経験したのち、社内の教習所で運転訓練を受けて取得する国家資格だ。そのため、さらに新幹線電気車の運転免許をあわせて取得したといっても、階級に差が出るという種類の資格ではないのである。もちろん同じ電気車免許であれば、客車と貨車という列車の差があっても、給与に差が出たりはしない。

また電気車運転免許が国家資格といっても、ＪＲ東日本の資格で、ＪＲ東海やＪＲ西日本の電車は運転できない。新幹線電気車運転免許も同じ。ＪＲ東日本で上越新幹線「とき」を運転していた人でも、JR東海の「のぞみ」の運転士にはなれない。

ただJRの垣根を越えて運転士が他社の電車を運転しているケースもまれにある。たとえばJR西日本の新宮～紀伊勝浦間を走る「ワイドビュー南紀」のように、JR東海の運転士に任されているようなケースである。

新幹線定期券最高額はなんと約61万円！

日本で初めての鉄道定期券は、明治中期の1886年に発行された。区間は新橋～横浜間で上等席と中等席があり、上等席の値段は1カ月で30円だった。これは現在でいえば30万円ほどと考えられるから、一般の人にはなかなか手の出ない金額だ。そのほか、同じく上等席の3カ月定期の値段が75円、6カ月が120円、1年が200円となっていた。

しかも、この定期券は誰でも買えるものではなかった。政府高官や各官庁に雇われた外国人、あるいは大きな商店の主人など、一部の身分の人しか使えなかったというから、現在の定期券とはまったく性格の違うものだったのである。

高額の定期券といえば、現代では新幹線通勤用の定期券だろう。最近では新幹線を使って通勤する人も珍しくなくなっている。

新幹線定期券は、「こだま」の乗客数が停滞していた1983年に、集客対策として初めて発行された。

最初の頃は、さすがに利用者はそれほど多くなかったが、地価の高騰などで遠方にマイホームを建てるしかなく、そこから通勤するサラリーマンが増加したため、次第に利用者が増加するようになった。1986年からは通学定期券も発行されている。

新幹線定期券は、300キロメートルまで発行可能となっているが、そのうち最も高額なのは上越新幹線・東京～燕三条までの3カ月定期券で、その金額はなんと60万9400円である。

東京～燕三条間の距離は293・8キロメートル。とても通勤など不可能に思えるが、所要時間は2時間前後。朝の6時過ぎに燕三条を出発する新幹線に乗れば、8時過ぎには東京駅に到着するから通勤はたしかに可能だろう。

燕三条は新潟県にある。東京に比べればはるかに物価が安いし、自然も多い。「もしも会社が通勤手当を出してくれるとしたら通勤してもいい」というビジネスマンは意外に多いようだ。

なぜ車内販売員は駅構内を整列して歩かなければいけないのか？

駅構内を歩く車内販売員のスタッフたちはいつ見ても制服をきちっと着こなし、背筋をピンと伸ばして歩いている。しかも、ホームでは整列して歩いているのにお気づきだろうか。

車内販売の会社は複数あるのだが、駅構内を2列や1列などに整列して歩くようにマニュアルで定められている会社もある。また、マニュアルで決められていなくても、乗客の迷惑にならないようにと、整列して歩いている会社もあるようだ。

車内販売は、多くの人から見られる仕事である。そのため、ＪＲ東日本の新幹線で車内販売をするＪＲ東日本サービスクリエーションの前身である日本レストランエンタプライズでは、「見られているのを意識してお客様の迷惑にならないように配慮する」ことを車内販売員の振る舞いの基本として考えていたという。

会社によっては、身だしなみに細かい決まり事を設けている。女性スタッフの場合、接客業なのでメイクをする。ただし、パールはＮＧ。ピアスやネックレスのアクセサリー類やマニキュアも禁止。日焼けしすぎてもいけない。

さらに長い髪をどんなふうにネットにまとめるかにまで、決まり事がある。ネットの中の髪は渦を巻いているような状態ではなく、きれいな輪を描いていなければならない。髪の長さが中途半端な人は、ネットに「すき毛」を入れて調節するように指導されることもあるようだ。

まさに爪先から頭のてっぺんまで、こと細かに定められた身だしなみに始まり、整列してさっそうと歩く姿や、車内でも客室を出入りするたびに丁寧にお辞儀をする姿に、好感を抱く人も少なくないはずだ。

その一方で、重量のある商品を積んだワゴンを押したり、乗務中は座ることがなく、3時間以上立ちっぱなしだったりなど、じつはなかなかハードな仕事でもある。体力的にきつくても、いつもきちっとした姿を心がけている車内販売員の存在が、新幹線の旅をより快適にしてくれている。

新幹線にタダで乗れるうらやまし〜い人とは？

1本の新幹線に乗務する乗務員の人数や交代するタイミングは、各列車によって決められていることをご存じだろうか。

たとえば現在、東海道新幹線では、どの列車も運転士は1名である。運転交代を行なうタイミングも決まっていて、「のぞみ」「ひかり」の400番台（400号〜499号）では、東京〜新大阪間を1名が通しで運転するが、「ひかり」の500番台とすべての「こだま」は、名古屋で交代することになっている。

車掌についても決まりがある。かつては一般的な16両編成では3名が基本だった。車内を回って改札する乗務員、ドアの開閉など運転業務に携わる乗務員、そしてその車両すべてを統括する乗務員である。しかし近年、指定席の車内販売が廃止されたり、防犯カメラの設置が進んだりして負担が減ったことから、２０１８年より2名体制が基本となった。

このように厳密に決められているはずの乗務員数だが、ときどき例外がある。運転室にもう一人運転士が乗ることがあるのだ。

この点について、ＪＲ西日本の広報部によると、「便乗」といって、運転士が移動手段として新幹線を使うことがあるのだという。たとえば、東京から新大阪まで臨時列車を運転したものの、翌日が休みだったり、早朝に東京発の乗務が入っていたりした場合、どうしてもその日じゅうに東京に戻らなければならない。そんなときに、この便乗が行なわれるのだ。

さらに新幹線の運転士だけでなく、在来線の運転士が移動のために新幹線を使うこともある。ほかの列車が大幅に遅延したとき、遅延列車に乗務する運転士を少しでも早く移動させる必要がある場合などだ。

運転室には補助椅子が用意されており、ほかの運転士の運転を見学しながら移動することになる。便乗だけなら車掌のいる乗務員室でもよさそうなものだが、車掌はアナウンスをしたりホームに出たりと、乗務員室内を頻繁に動くことになる。そのため、運転室に便乗しなければならないという決まりはないものの、車掌の邪魔にならないようにという気遣いからか、運転室に便乗する人のほうが多いという。

運転のためではなく、移動のために乗るのであって、業務上の扱いとなるので、もちろん無賃である。

車内販売員が身につけているユニフォーム　どこまでが支給品？

車内販売員のスタッフは、ＪＲ各社と契約している車内販売会社の社員かまたはアルバイトだ。服装などについて厳しい規定があり、基本的には社員もアルバイトも同じユニフォームスタイルである。この制服は、どこまでが社からの支給品で、どれを自分で調達しなければならないのだろうか。

これは社によって異なるようだが、最低でも制服一式と領収書などを入れて持ち歩く業務用バッグは、どこの社も貸与しているようだ。

飲食物を中心に扱うスタッフに求められるのは、何より清潔感である。女性スタッフの場合、ロングヘアを丸めて「お団子」をつくるが、それにかぶせるネットまで支給する会社もある。制帽がある会社では、帽子は制服一式に含まれて貸与されている。

靴とストッキングやタイツは、最初だけ支給、あとは自前で補う、あるいは最初から支給しないというどちらかだが、たとえ自分で買うにしても色やデザインはあくまで清潔感が前提である。

スタッフは、車内の通路を歩くだけでなく、始発駅や終着駅でホームや構内を歩くことになる。JR西日本エリアをカバーしている会社では、寒さに備える冬用コートも制服一式の中に含まれているという。

制服や防寒具の支給・貸与は想像がつくが、髪をまとめるネットまで貸与となるとは驚きだ。だがこれも、各社が車内販売を、乗客から注目される仕事だと位置づけている表れにほかならない。

運転士の鞄の中には いったい何が入っているの？

かつての国鉄時代には、抜きうちで運転士の持ち物検査が行なわれ、鞄《かばん》の中身を調べられたという。現代の新幹線の運転士も、黒い鞄を決して手離さずにいつも抱えているが、あの中には何が入っているのだろうか。そういわれてみれば、たしかに気になる……。

まずは、国鉄の在来線の運転士たちが持ち歩くように定められていた品を挙げてみよう。奥西次男《おくにしつぎお》氏の『運転士(裏)運転手帳』によると、まず挙げられるのは、「運転取扱心得」「運転取扱細則」「電車乗務員作業基準」「運転内規」「故障応急処置基準」「故障処置基準」の小冊子で、これらはいわば規則集、マニュアル本である。

さらに、「運行ダイヤ」と、故障修理の要員を手配するための用紙である「電車故障通告券」「携帯電灯」も必ず鞄に入れておかなくてはならない。

それればかりではない。列車が故障した場合に備え、「ペンチ」「自在スパナ」「ドライバー」「ナイフ」「麻縄」「白墨」「赤色旗」「軌道短絡器（信号を赤にするときに使う）」まで入れていたという。かなりの重量になるが、いつ持ち物検査があるかわからないので、運転士たちはすべてを鞄に入れて持ち歩いていたようだ。

現代の新幹線の運転士の鞄はスマートな薄型タイプなので、国鉄時代ほど大量の物は入っていそうにない。ＪＲ東日本とＪＲ東海に尋ねてみたのだが、保安管理上の理由で、中身すべてについての回答は得られなかった。だが、「運転に関する規定類」「運転マニュアル」「時刻表」は入っているそうだ。

こうした持ち物の中で、運転士仕様につくられたものもある。そのひとつが時刻表だ。運転士が携帯する時刻表は我々一般人のものと違い、15秒刻みで記されている。我々にはうかがい知れないところでの緻密な努力があって、日本の新幹線の運行が守られていることがわかる。

鞄の中身ではないが、秒刻みの業務をこなすために、なくてはならないのが時計である。運転士が業務中に身につけているのは会社から支給された時計で、個人の私物ではない。鉄道の現場では、古くから懐中時計が使われるのが常だった。会社によっては今でも懐中時計を使用しているという。

車内販売員の鞄の中にはいったい何が入っているの？

運転士の鞄の中身と同じくらい謎なのが、駅構内を歩く車内販売員が持っている鞄の中身である。

あの黒い中型の鞄の中には、販売員としての業務をスムーズにこなすためのアイテムがぎっしりと入っている。それぞれの会社や乗り込む新幹線の車種によっても違ってくるが、まず欠かせないのは、販売業務に直接必要な領収証や伝票、ハンディスキャナー、ボールペンなどである。さらには、電卓やエプロンも入っている。それに、乗客に見せる弁当やお土産の写真も活躍の頻度が高い。弁当やお土産でどれを選ぶかは、箱を見ただけではなかなか決められないが、中身の写真を見ると

「よし、これにしよう」という気になるものだ。

あれやこれやで、通常あの鞄には数十種類もの品が入っているのだが、それだけではない。業務の合間に口にする私物の小さなお菓子や飲み物なども入っているし、宿泊を伴う乗務のときは、洗面・化粧道具などの宿泊セットもここに入れて持ち運ぶ。

そのため出発前のミーティングでは、必須アイテムの確認が必ず行なわれ、チェックには30分以上かかることもしばしばだという。というのも、販売員の仕事はひとりでワゴンを押すのが基本である。何か忘れ物があったとしても、通常の店舗やオフィスと違って近くには仲間がいないから、「ちょっと貸して」というわけにはいかない。そのため、必要なアイテムを忘れるわけにはいかないのだ。

それにしても、そんなにたくさんの品が入っているにしては、あの鞄はコンパクトである。販売員の女性たちは片手で軽々と提げて持ち運んでいるし、柔らかい素材でできているのに中身が詰まって見苦しくふくらんでいるところなど見たこともない。

いつも鞄の中に不要な物がごたごたと入って、何を取り出すにも時間がかかる身としては、あのノウハウ、ぜひ伝授してほしいものだ。

車内清掃時間たった7分！ どのようにして時間内に終わらせているのか？

毎日たくさんの新幹線が出発・到着している東京駅。多くの新幹線が折り返し運転をしているが、そんなに長い時間停車できるわけではない。JR東日本の新幹線の場合、東京駅での折り返し時間は最短で12～15分しかない。

車内清掃もこの時間内に実施されるが、12～15分フルに使えるわけではない。2分は乗客が降りるための時間、3分は乗客が乗り込むための時間となるため、残りの7分程度が車内清掃にかけられる時間というわけだ。

これほど短い時間に清掃をすませるためには、さまざまな工夫が必要になる。清掃を手掛けるのは一編成で10数人のチーム。スタッフ1人あたり1両を担当する。

車内の清掃は、最初に大きなゴミを回収する、続いて座席本体のゴミや汚れを確認。このときに、すべての座席は進行方向へ転換される。同時に、座席の背にあるテーブルを拭き、背もたれカバーを付け替える。

清掃では水拭きはせず、おもに化学雑巾などが使われる。水を使って掃除すると乾くのに時間がかかって、規定の時間内に終わらなくなってしまうからだ。

また、トイレや洗面台の掃除はかなりの重労働で、便器を磨いたり、トイレットペーパーを補充したり、洗面台の鏡を拭いたりと、多くの作業を7分の間にこなさなければならない。

あらかじめ掃除用具を決められた場所に配置しておくのも、短時間で作業を終わらせるコツだという。

こうして、すべての清掃作業を終えたのちに、安全確認を行なって列車から降り、清掃係の仕事が完了する。いわゆる「7分間の奇跡」である。

「リニア・鉄道館」に対抗!? JR西日本が「京都鉄道博物館」を起工!

２０１１年3月にオープンしたＪＲ東海の「リニア・鉄道館」は、２０１９年の8月には入館者数５００万人を突破している。人気の秘密はなんといっても、展示されている車両の多さだろう。

ＳＬなど鉄道黎明期の車両から、特急列車や超電導リニアモーターカー、在来線車両など計39両もの実物の車両が展示されている。とくに新幹線は、東海道新幹線の顔だった0系をはじめ、懐かしの歴代車両が見学できる。２０１４年1月からは７００系もラインナップに加わった。

ほかにも、新幹線の運転体験ができるシミュレータ（有料）、日本最大の面積をほこる鉄道ジオラマ、超電導リニア展示室には、時速５００キロメートルの世界を疑似体験できるミニシアターもある。鉄道ファンを魅了するには十分な施設である。

一方、関西にはＪＲ西日本が運営する「京都鉄道博物館」がある。２０１６年４

月、京都市下京区の梅小路公園に開館した日本最大級の鉄道博物館だ。

同館には、２０１５年で閉館となった京都の梅小路蒸気機関車館に展示されていた電車を含めてＳＬや在来線の特急、新幹線の実物の車両を53両展示。この展示車両数は全国の鉄道博物館で最も多い。

本館は３階建てで１階の車両工場を模したコーナーでは、鉄道の歴史やしくみ、車両の魅力を紹介している。

列車運転シミュレータをはじめ、ＪＲ西日本社員の仕事を紹介するコーナーもある。さらに、本物の蒸気機関車が牽引する客車に乗車することもできる。

総工費は約70億円という「京都鉄道博物館」は、関西の鉄道ファンにとって夢のような場所といえるだろう。

車内販売ワゴンのディスプレイ、じつは各販売員が考え抜いた知恵の結晶！

新幹線の楽しみのひとつが、車内での買い物である。座席に腰を落ち着けてほっとひと息ついたころに、おなじみのワゴンでの車内販売がやってくる。お弁当や飲み物はもちろん、その土地の名産品まで売ってくれるので、時間がなくてお土産を買いそこねたときでもあわてなくてすむ。

あの小さなワゴンに、よくぞこれだけたくさんの種類の商品を載せられるなあと感心するが、そのディスプレイも見逃さないでほしい。いつも同じ商品を、同じ数だけ載せて客席を回っているわけではない。

じつは、ワゴンのディスプレイは、各車内販売員に任されたオリジナルだ。一人ひとりが時間帯や客層などによって、どの商品を多く載せ、何を前面に出すかをその都度考えているのだ。時間帯や曜日、季節、さらにはその日の天候によっても変わる売れ筋商品を中心に、頻繁に並べ替えや補充を行なっている。

たとえば、平日の朝早くは、乗客のほとんどがビジネスマンであり、よく売れるのは、コーヒーやおにぎり、サンドイッチである。同じく平日に多いのがシルバー世代の旅行客であり、こちらはお茶やお弁当が好まれる。

正午の前後には、もちろん昼食を求める乗客が多くなり、その後、午後4時頃までは乗客の買い物意欲もひと休みとなる。そして夕食の時間が近づくと、お弁当だけでなくアルコール類やおつまみを多く載せる。仕事を終えて新幹線に乗り、夕食と一緒に注文するビジネスマンが多いからだ。

車内販売のワゴン

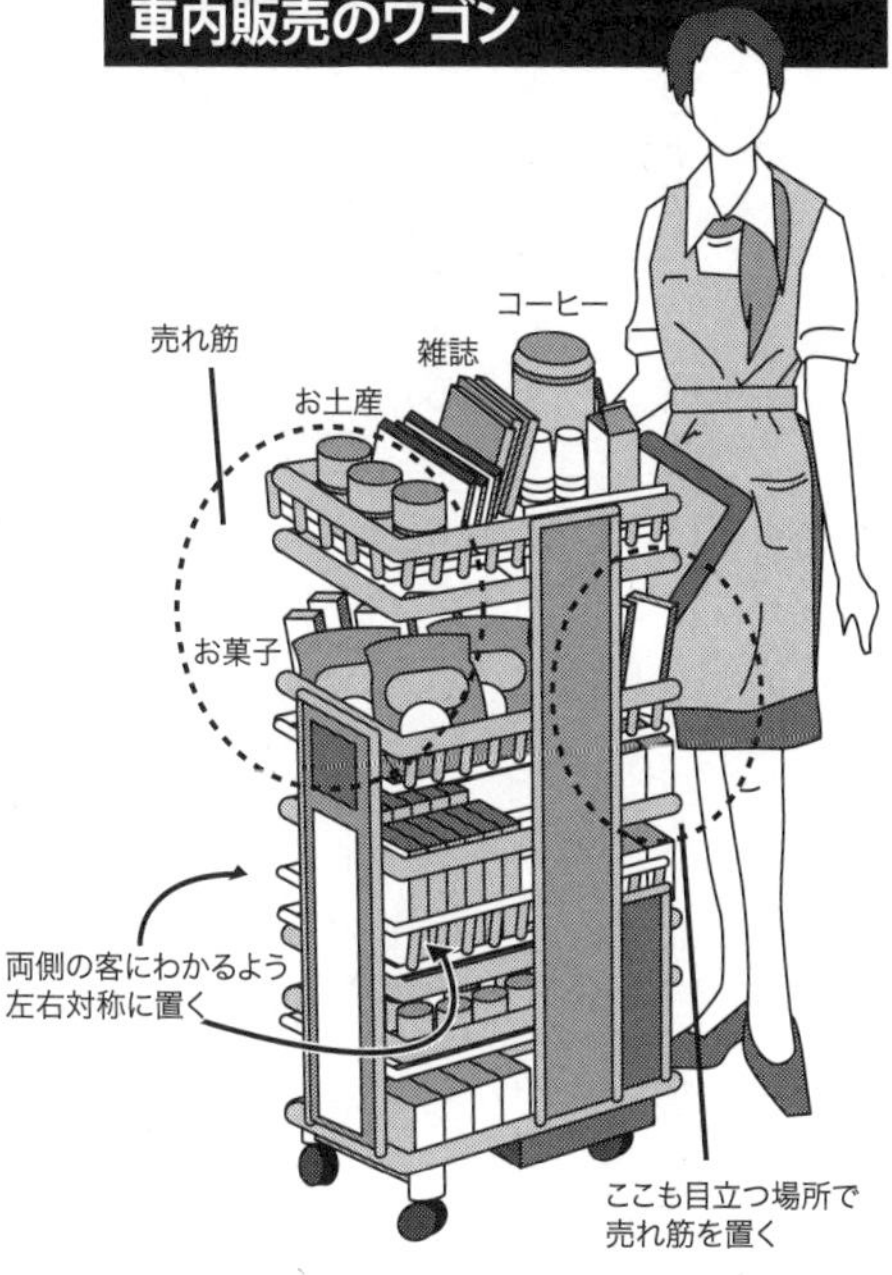

土曜・日曜は家族連れや行楽客が中心となる。客席に子どもが多いときは、お菓子やジュース類を見やすいように陳列する。目立つのはワゴンの前面だけではない。ワゴンが通りすぎるときに座席からよく見えるのは、ワゴンの左右に積んである商品だったりするのだ。

このように品ぞろえや置き方には工夫が凝らされており、このディスプレイの良し悪しで売上も変わるといわれるほどシビアな世界なのだ。

よく見ると、ワゴンの小さな空間をより広く、より有効に使うために、自分で工夫して小物入れを取り付けるなど、各人の工夫が随所に光っている。ときにはディスプレイに1時間かけることもあるというから、この十人十色の知恵の結晶にプロ意識を感じないわけにはいかない。

車両番号にヒントあり！自由席で座れる確率を高くする方法とは？

新幹線に乗るときに確実に座りたいなら、指定席券を購入すればいい。しかし、指定席券が売り切れだったり、座席指定料金を節約したいときには、自由席を利用することになる。

ただし自由席は、混雑しているとき、のんびりしていては座席を確保するのは難しい。「せっかく早めに駅に着いて、人数の少ない列を選んで並んだのに、結局は座れなかった……」となれば落胆は大きい。混雑時でも、自由席で確実に座れる方法はないものだろうか。

もちろん絶対に座れる方法はない。しかし、座れる確率が高くなる方法はある。乗車待ちの列に並ぶとき、偶数号車の列に並ぶのだ。

車両の種類によっては違う場合もあるが、新幹線の車両は一般的に奇数号車にトイレがついている。そのため、その分だけ奇数号車は座席が少なく、偶数号車のほうが座席は多くなっている。その差はなんと10～35席程度もある。だから、偶数号車に並んだほうが座れる確率は高くなるのである。

人数が少ない列に並んだのに座れなくて、たくさん並んでいた隣の車両が意外に空いていたりすることもよくあるが、これも車両による座席数の違いが影響しているケースが多い。奇数号車がダメだったときには、あきらめずに偶数号車をあたってみることだ。

そのほかには、なるべく乗車ホームの階段から遠い位置に行って並ぶ方法もある。一般に階段から遠くなればなるほど、並んでいる人の列は短くなる傾向がある。とくに途中駅から乗車する場合には、始発駅の階段から遠そうな車両をねらって並ぶと、座れる確率が高くなる。

列がかなり延びていて、どこに並んでも座るのが難しそうなら、乗車予定の列車を断念して、一本あとの列車に乗ってみることを考えるしかない。時間の余裕さえあれば、これが最も座れる可能性の高い方法といえるだろう。

車内販売は指定席より自由席のほうが売れるというそのワケ

新幹線の車内販売を見ていると、ワゴンをゆったり押して、のんびりと車内を回っているように感じる。だがのんびり見えるのは、乗客のくつろいだ雰囲気を邪魔しないようにという心配りなのだろう。じつは、車内販売には一日の売上目標がしっかり決められており、乗務の始まりのミーティングでは、売上目標金額の確認も行なわれている。売上に関しては、スーパーやコンビニなどの小売業と変わらない厳しい世界なのである。

売上目標は、車内販売を担当する会社によってさまざまである。営業所ごと、支店ごとに金額が設定されているのはもちろんだ。乗客の数や時間帯によっても売上が大きく違ってくる。日ごと便ごとに細かく目標が設定されている会社も多い。

売上が多いのは、なんといっても乗客の多い便だ。季節でいうなら、夏休み期間の7月下旬から8月の終わりにかけて、さらにはお盆、年末年始、ゴールデンウィークなどである。

ビジネスマンの多い平日の便では、指定席よりも自由席の車両のほうが売上は多い。一見、指定席の乗客のほうが、ゆっくり腰を落ち着けて飲んだり食べたりするから車内販売の利用も多いのではないかと思いきや、自由席の乗客は短い区間の利用者が多く、一本の便で何度も入れ替わるので、乗客の延べ人数は自由席のほうが指定席よりも多くなり、結局は自由席のほうが、売上が多いのだという。

売上目標を達成した販売員には報奨金が支払われる場合もある。

では、その売上目標とは、いったいどのくらいなのだろうか。残念ながら、その金額は正式には公表されていない。

しかし、あの小さなワゴンはかなり売り上げているという。たとえば山形新幹線の片道、山形～東京間は約3時間の運行だが、その際ひとりの販売員による売上の平均は、7万～8万円といわれている。なかには片道で約30万円を売り上げるスゴ腕販売員もいるというから驚きである。

販売員たちは、乗客の笑顔を励みにして、売上目標を達成すべく努力しているのだ。そんな事情を知ると、今度新幹線に乗ったら、車内販売でたくさん買い物をしてしまいそうである。

新幹線の料金は乗車距離によって決まるわけではなかった！

鉄道の運賃その他料金のほとんどは乗車距離によって決められており、無論ＪＲでも乗車距離の長さに応じて料金も上がるという設定になっている。ところが新幹線の特急料金は、距離ではなく駅間ごとに料金が決められる「区間別料金設定」を採用している。基本的には距離に応じた料金なのだが、一律ではなく、ほかの諸条件によって違いがあるのだ。

目的地に着く速さも、特急料金に反映されている。1992年に運行が始まった東海道新幹線の「のぞみ」は東京〜新大阪間を2時間半で結び、「ひかり」「こだま」よりもさらに速いことから特急料金が上乗せされていた。当時の「のぞみ」は一日2往復で全席指定と、すべてにおいて別格というイメージだった。

やがて「のぞみ」はそのスピードで人気となり、立席特急券や自由席券も発売されるようになった。好評に応じて大増発され、別格のイメージが薄まるのと呼応するかのように、上乗せ額も大幅に減額となった。

新幹線には、シーズンによって特急料金を上下させるシステムも導入されている。国鉄時代に始まった料金体系である。

具体的には、通常期・閑散期・繁忙期・最繁忙期の4段階を設け、閑散期は通常期の200円引き、繁忙期は通常期の200円増し、最繁忙期は通常期の400円増しとしている。

一般的に、価格が上がれば利用者は減り、価格が下がれば利用者は増える。この基本原理を利用して、売上を増やしたり、混雑を分散させたりしているのである。

指定席券を買うと振り分けられる席 どんな法則で決められているのか？

指定席券を購入して新幹線に乗ったとき、意外と席が空いていて乗客がポツンポツンとまばらに座っているだけのことがある。そんなとき、これだけシート数があるのに、なぜ自分はこの座席になったのだろうと、ふと疑問に感じたことはないだろうか？

新幹線の座席予約システムは、ランダムに座席を割り当てているわけではなく、とくに指定がない場合は、ある一定の法則に従って自動的に割り当てられる。そしてこの法則は、繁忙期と閑散期とで異なるなどきめ細かく設定されているというからおもしろい。

たとえば繁忙期パターンの1例は、個人客は先頭車両の、それも入り口付近ではなく中央の座席から、団体客は末尾車両の端から埋めていく。乗客が一般的に「車両の中央」を望む傾向にあることを考慮し、さらに個人客と団体客が離れるための仕組みである。また、閑散期には乗客がゆったり座れるように、均等に分散させて席を埋めていく。

では、1列ではどの席から埋めていくのだろう。通常新幹線の横1列はABCの3列席とDEの2列席になっている。ふたり以上で乗る場合、何人で乗っても計算上、ひとりだけが離れた席になることがない。では、この1列をどのように割り振るのかというと、ひとり、ふたりの場合は基本的に2列席から埋めていく。これは3人指定の希望に備えてできるだけ3列席を残しておくためである。

このように自動的に割り振られていくが、じつは指定席は、「何号車のどの座席」かまで細かく希望を聞いてもらえる。せっかくだからいろいろリクエストしてみるのも手だ。

たとえば、旅慣れた人は進行方向左側の窓側を選ぶといわれる。これは上りなら2人席のE席、下りなら3人席のA席だ。左側通行で走行する新幹線の、一番左の位置にあり、列車同士がすれ違うときの衝撃音が少なくてすむからだ。また、座席幅でいうと3列席の真ん中のB席はほかの座席より少しだけ幅が広い。ゆったり座りたい人は3人がけの真ん中が穴場席だ。

そのほか、旅行客なら東海道新幹線に乗るときは富士山が見える側の席を希望するのもいいだろう。また、パソコンに使える電源付きの座席もある。

自動券売機で座席指定できる昨今、好きな座席を簡単に選べるようになったので便利である。

車内販売員が胸につけているバッジ色が複数ある理由とは？

車内販売を行なうスタッフは、みんな同じ身分なのかと思ったら、意外にも、そこにはいくつもの階級が存在しているらしい。ＪＲ東海の「ひかり」「のぞみ」に乗務する車内販売員は、グループ会社のジェイアール東海パッセンジャーズのスタッフで、その階級は胸についたバッジで確認できる。

では、バッジをそれぞれの色ごとに、下の階級から順番に見てみよう。

まず社員の場合は、入社後の研修を終えると「アシスタントパーサー」と呼ばれ、えんじ色のバッジをつける。アシスタントパーサーは、ワゴンサービスを担当し、商品の数量管理から補充まで、すべての業務を任される。

続いて、緑色のバッジをつけているのは「パーサー」。ワゴンサービスに加え、新人パーサーを実地訓練（ＯＪＴ）したりグリーン車で業務を補助したりする。

紺のバッジをつけているのは「シニアパーサー」。グリーン車業務の責任者で、かつては車掌のみが担当していた改札業務も担当する。その上の階級の「チーフパーサー」の代行としてクルーをまとめることもある。

紫のバッジをつけたチーフパーサーは、グリーン車や車内巡回業務のほか、クルーの業務全般の動きを把握して指示を出す。車掌との連絡や名古屋での商品積み込みの対応など、責任者として列車全体をフォローする。

そして、最も格上の階級が「インストラクター」だ。黒いバッジをつけていて、新人研修や職制ごとに実施される業務研修の教育を担当する。ときには、クルーと一緒に乗務して、業務指導や乗務に必要な資料作成、備品管理なども行なう。また、パーサーの相談役でもある。

このように、ひと口に車内販売員といっても、さまざまな階級があり、仕事の役割も異なるのである。今度新幹線に乗ったときには、スタッフのバッジをチェックしてみてはどうだろう。

上越新幹線工事最大の〝天敵〟から生まれた大ヒット商品「名水大清水」誕生秘話

上越新幹線と東北新幹線は、同時開業を目指して工事が進められていた。ところが上越新幹線の工事は、1980年に中山《なかやま》トンネルで起きた出水事故のために大幅に遅れてしまう。1分あたり100トンを超えるという大出水だったため、岩盤に薬液を注入して固定するという通常の方法では出水を止められず、やむなくトンネルのルートは変更になり、この現場は放棄されたのである。この事故が大きく響き、上越新幹線の開業は東北新幹線より5カ月遅れとなった。

出水事故があった当時、この水を口に含んだ工事関係者は驚いた。工事を中断させた強敵の「水」が、大変おいしかったという。上越新幹線は谷川連峰の下を横断しており、トンネル内にあふれ出た水は6層の地層で濾過《ろか》され、ミネラル成分を多く含んでいた。まさにその頃普及しつつあったミネラルウォーターである。

そこで国鉄の高崎鉄道管理局は、中山トンネルのすぐ北、谷川《たにがわ》岳の地下を走る大清水トンネルで取水し、水を商品化することにした。名前は大清水トンネルから、「名水大清水《おおしみず》」。全長22・2キロメートルで当時世界一の長さを誇っていた大清水トンネルの名前がついていれば、商品としてＰＲにもなる。読み方を「おおしみず」としたのは、「おいしい水」との語呂合わせである。

商品開発から販売にこぎつけるまでは、苦労の連続だったようだ。元高崎鉄道管理局の瀬間勝利氏によると、国鉄にとって「水を売る」という業務は、まさに前代未聞であり、各部署から集まった職員たちは、国鉄マンとしての通常業務をこなしながら、残業に次ぐ残業で開発・販売にこぎつけたのだそうだ（『大清水25年のあゆみ』より）。

１９８４年、ついにミネラルウォーターとして販売された大清水は、たちまち評判となった。続いて、大清水をベースにしたコーヒーや緑茶、紅茶なども続々と発売された。新幹線事業が、しかも工事を遅らせた水が、思わぬ副産物を生んだのである。

大清水は２００７年７月、「Ｆｒｏｍ《フロム》 ＡＱＵＡ《アクア》」というブランド名となった。伝統ある名が消えたことで寂しがる声もあったが、今では若い世代にもすっかり親しまれるようになっている。

第4章
車体

外見を巡る不可思議

先頭車両の「鼻」の部分に収納されている重要なものとは？

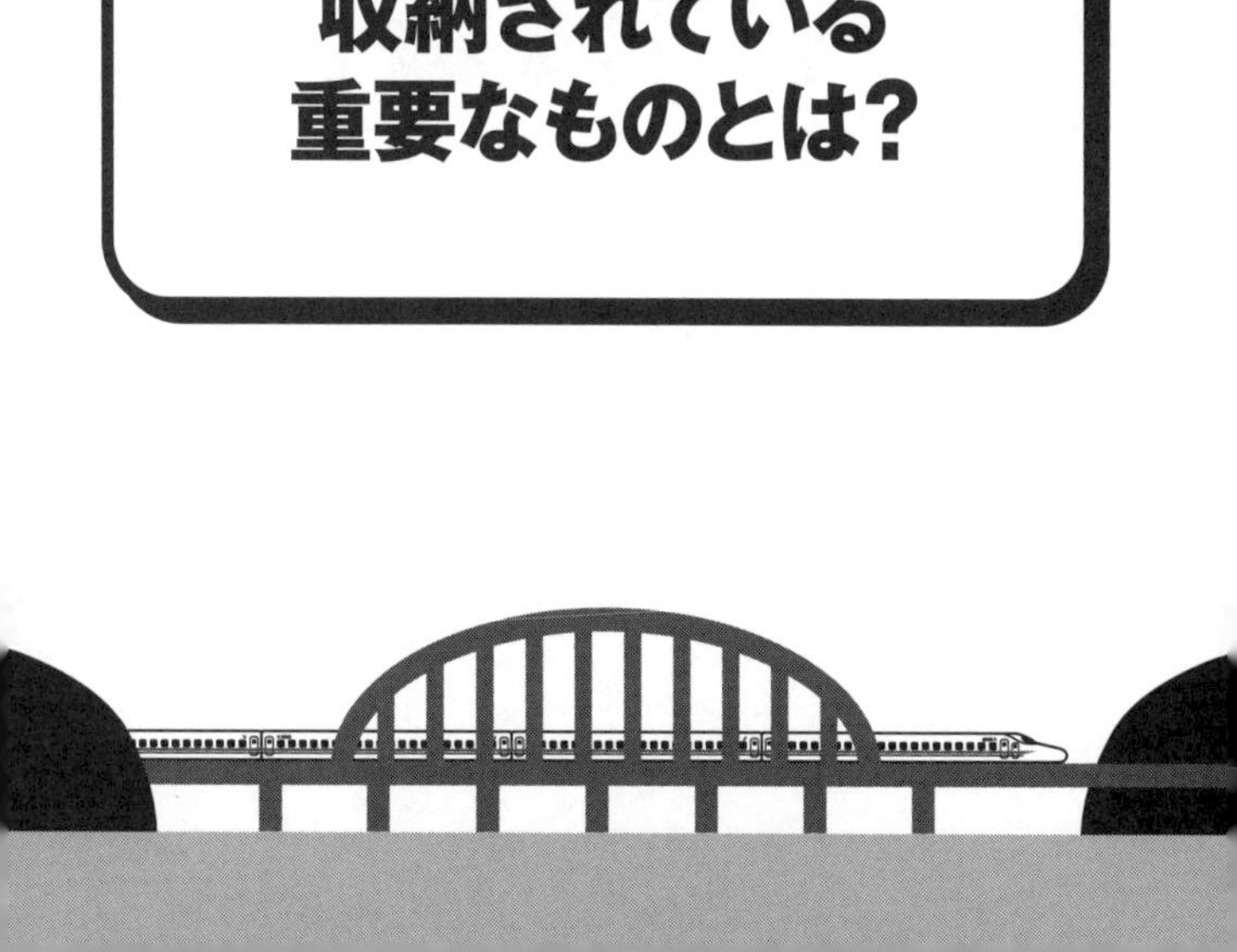

新幹線の「顔」は名工が打ち出すハンマー1本からつくられていた!

新幹線の車両は、大規模な風洞《ふうどう》実験やコンピューターによる緻密なシミュレーションを繰り返して開発される。搭載される装置類もコンピュータで制御されており、新幹線はいわば先端技術の集積システムなのだ。

新幹線の先頭車両は、そんな先端技術の「顔」である。新幹線の最初の車両0系の半球形の団子っ鼻から、カモノハシの顔のようだとたとえられる700系、そして最新のN700S系まで、新幹線先頭車両のさらに先端部分は鼻に見立てられることが多いが、専門の車両技術者たちは「オデコ」と呼ぶのだそうだ。

その技術者というのが、板金《ばんきん》工という名の職人たちである。彼らはオデコを、なんとハンマー1本で叩いて打ち出す。先端部分の複雑な曲面は、機械ではつくられていない。先頭車両にだけ必要なオデコは少量生産になるため、コスト面からも、また小さな仕様変化にも対応できるという点からも、職人技が最適なのだ。

1枚の金属板をハンマーで叩きながら、要求される形に成形していく「打ち出し工法」が、新幹線のオデコの曲面を生み出してきた。表面は新幹線カラーに塗装されて滑らかでも、裏側には彼ら職人のハンマーがつくった小さな窪みが無数に刻まれている。時速２００キロメートル以上で空気を切り裂いていく、その先頭は、「職人の手仕事」だというのは、なんとも驚きではないか。

１枚の金属が微妙なカーブを描いて成形されているように見えるオデコ部分は、一辺が50センチメートルから1メートル程度の板に分割される。０系の場合で20枚ほどの打ち出し鉄板が溶接されたものだった。全体的なオデコの曲面の設計図はあるが、それを幾つにどう分割するかは工場で決められる。同じ形をつくるのに、職人によってクセが微妙に異なるため、各人それぞれの打ち方でつくられる。

手仕事での先端部製造は、新幹線の車両製造を受注した日立製作所が、自動車のバンパー打ち出しなどで実績があった職人にオデコ製作を一任したことに始まった。その職人・山下清登《やましたきよと》氏は当時27歳で、原図から組み立てた木型に合わせて鉄板を叩き、丸みを合わせながら幾度も修正を加えて木型どおりのオデコ第1号を生み出した。山下氏の製作したオデコをつけた日立製車両は、新幹線開業日の式典で東京駅を出発する列車に使われた。

今は素材が鉄からアルミに替わり、オデコの基礎になる金属板をカーブさせる技術も開発されたが、当時、山下氏は重くて厚い鉄板をコツコツと叩いて成形したのだそうだ。その後、彼が興した山下工業所（山口県下松市《くだまつ》）は、今でも日立製新幹線車両のオデコ製作を一手に引き受けている。2008年に、当時、工場長だった國村次郎《くにむらじろう》氏は、「現代の名工」にも選ばれている。

時速300キロで走る新幹線急ブレーキをかけたら何メートルで止まる？

時速300キロメートルというスピードで走る新幹線には、踏切もなければ信号機もないから、「急ブレーキ！」というような事態はそうそう起こり得ない。とはいっても、走行中の大地震なども含めて不測の事態に備えて非常ブレーキは装備されている。

万が一、新幹線が緊急停止しようとしたとき、車両が完全に止まるまでにいったいどれほどの距離を走るのだろう。新幹線で、初めて時速300キロメートルの営業運転を達成した500系の場合、車輪の空転を防止し、ブレーキが正常に機能するようにセラミック噴射装置が搭載されていた。セラミック噴射方式のブレーキとは、ごく少量のセラミックの粒子を高速で車輪とレールの間に噴射することで、摩擦を大きくし、車輪の空転や滑走を防止できるという効果をねらった装置だ。こうした最新の装置が働いても、最高速度の300キロメートルで走行しているときに非常ブレーキをかけた新幹線は約4キロメートル先まで走ってしまう。

このセラミック噴射装置が開発される以前、時速270キロメートルで走行する700系「のぞみ」の場合、急ブレーキの効果は4キロメートルだった。「ひかり」が時速200キロメートルで走行していた時代は、これが2キロメートルだったことを考えると、高速走行の技術が進んでも、効果を抜群に発揮するブレーキ装置の技術開発という点では、あまり期待できないというのが現実である。

新幹線の場合、踏切もなく高速走行が優先されているからブレーキ効果が4キロメートルでもやむを得ないとされているが、踏切がある在来線の場合、「列車は急ブレーキをかけてから600メートル以内で止まらなければならない」という規則が設けられている。現在のブレーキ性能などを考慮してここから逆算すると、在来線の特急は最高時速130キロメートルに抑えられることになる。

新幹線の窓に小石が当たって割れることはないのか？

時速200キロメートル以上で走る新幹線にとって、鳥はやっかいな存在だ。ときにはフロントガラスに、ハトやトンビ、カラスなどがぶつかることがある。もしも、その衝撃でガラスが割れたりしたら、大きな事故を招く可能性も考えられる。

また、客車の窓にも大敵がいる。車両が巻き上げた線路の砂利（バラスト）などだ。これらが窓に当たってガラスが割れれば、乗客に被害が及ぶかもしれない。

そうした事態に備えて、新幹線の窓ガラスはフロントガラス、客車の窓ともに割れにくいように工夫されている。具体的に説明すると、新幹線の窓ガラスは複層構造になっている。

新幹線の窓の構造（200系当時の場合）

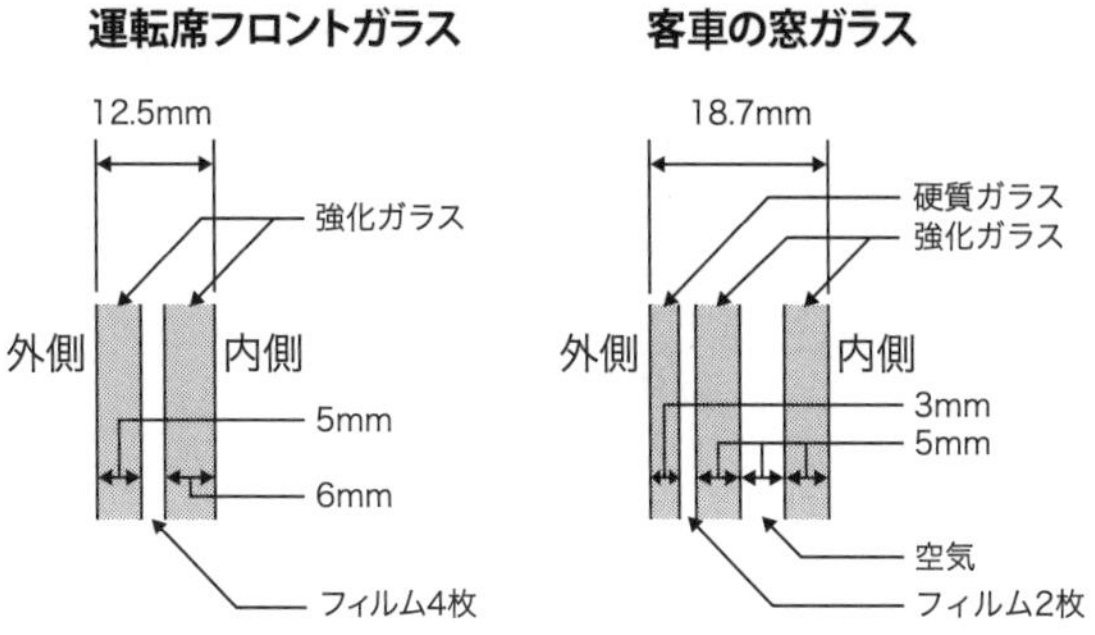

参考：『新版 新幹線』新幹線運転研究会編（日本鉄道運転協会）

まずフロントガラスは、厚さ5ミリメートルと厚さ6ミリメートルの強化ガラスを組み合わせて、その間にフィルムを4枚挟んだ構造になっている。これによって強度が大幅にアップして、鳥の衝突による事故を防いでいる。

また、客車の窓も頑丈だ。外側は硬質ガラス、内側は強化ガラスで、破損するときは小さく砕け、ガラスの破片によるケガを予防している。客車の窓の厚さは約2センチメートルで、ガラスとガラスの間に空気の層があり、結露を防ぐと同時に防音効果も得られる。

外側の2枚合わせのガラスのうちの外側には、気温の変化に強い硬質ガラスが使われ、もう1枚は板ガラスを熱処理して強度を増した強化ガラスが使われる。2枚のガラスの間には、フィルムが挟み込まれている。また、内側のガラスにも強化ガラスが使用されている。

こうした構造によって、新幹線の窓はバラストが当たっても破損しにくく、また、破損しても粉々に飛び散る危険性は低くなっている。おかげで、乗務員は安心して運転ができるし、乗客は快適な旅が楽しめるのである。

車体後方のドア付近に必ずある謎の番号いったい何を意味している？

在来線の電車の側面には、「モハ」「クハ」などと意味不明の文字と、それに続く数字を目にすることがある。ところが、新幹線では車体にそういった記号を見かけない。

在来線に書かれている記号は、その車両がどんな種類かがひと目でわかるように

新幹線の車両形式

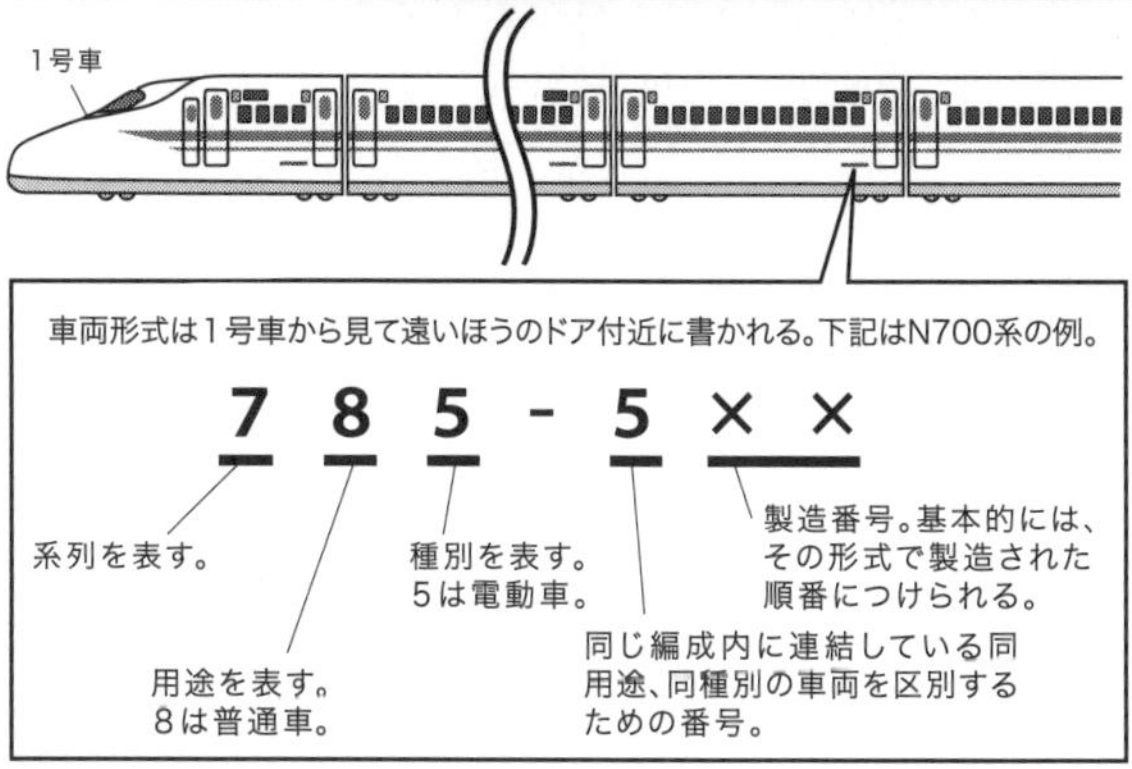
1号車
車両形式は1号車から見て遠いほうのドア付近に書かれる。下記はN700系の例。
785-5××
系列を表す。
用途を表す。8は普通車。
種別を表す。5は電動車。
同じ編成内に連結している同用途、同種別の車両を区別するための番号。
製造番号。基本的には、その形式で製造された順番につけられる。

した記号で、「形式」「車両番号」「車両記号」などと呼ばれ、ひとつひとつに意味がある。

ひと桁目のカタカナは「性能」を表しており、「モ」とはモーターがついている車両、「ク」とは運転台がある車両（駆動車）を意味する。ふた桁目は「用途」を表しており、「ハ」は普通車。これはかつて1等車、2等車、3等車があった時代にそれぞれがイ、ロ、ハと呼ばれていた名残で、現在は1等車に該当するものはなく、グリーン車が「ロ」、普通車が「ハ」となった。

この記号は国鉄時代に定められたも

ので、ＪＲ各社にも基本的にはそのまま受け継がれている。

新幹線にも車両記号はあるのだが、カタカナは用いずに3桁の数字が基本になっている。何しろ最初に登場した東海道新幹線から、全車両にモーターがついていた。すべてに「モ」がつくのでは記号を表示する意味がない。

3桁の数字のうち百の位は「系列」を表す。いわゆる１００系、７００系などと呼ぶのは、この系列のことである。0系だけは表記していない。「6」は未使用で、「9」は事業用車である。そして、ＪＲ東日本だけは一番前に「Ｅ」をつけてＥ１系、Ｅ2系などと表記している。

十の位は「用途」で、たとえば「1」はグリーン車、「2」は普通車、「3」は食堂車、「4」は2階建て車両（1階は普通車で2階はグリーン車）などである。

一の位は「種類」で、「1」はパンタグラフなし制御電動車（運転台がついている電動車）、「2」はパンタグラフあり制御電動車、「3」と「4」は制御車などだが、車内の系列によって意味が異なる場合がある。

新幹線の記号は在来線ほど目立たないが、1号車側から見た車体後方のドア付近には必ず記されている。1号車なら連結面の近く、もう一方の端の車両なら乗務員の出入り口近くとなる。

記号を車内に発見することもできる。その場合は、形式と番号を記したプラスチックのプレートがデッキに掲げられているのだが、残念なことに新型の系列の車両にはプレートのないものもあるそうだ。

新幹線のトイレで汚物がジュポッと消える秘密

短い区間の電車ならともかく、新幹線など長距離を走る列車にはトイレが必需品だ。

だが、新幹線のトイレについて不思議なことがある。使用した経験がある人ならわかるだろうが、新幹線のトイレで水を流すとジュポッという音とともに、すべてが吸い込まれていく。どうしてあのような仕組みなのか、疑問に思う人も多いだろう。

進化した新幹線のトイレ

循環式(0系・100系など)

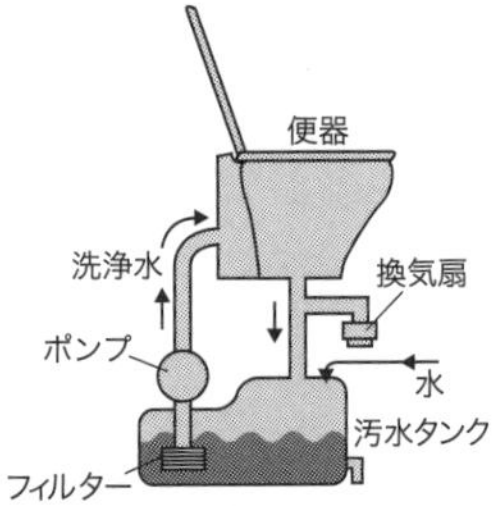

①汚水タンクに消毒液と水の混合液を入れておく。
②混合液で汚物を流す。
③フィルターを通して混合液を再利用する。

真空式(N700系など)

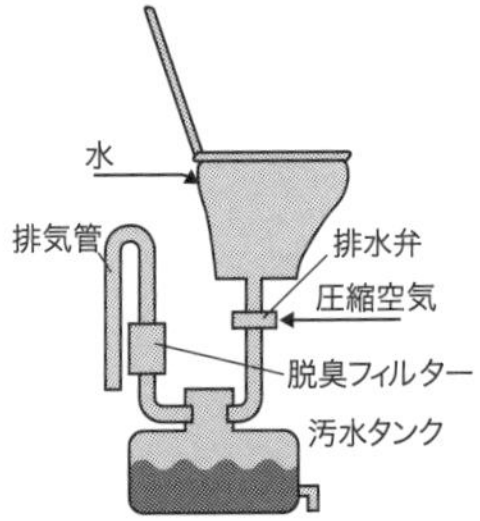

①水で汚物を流す。
②排水弁を開き、圧縮空気で汚物を一気に吸引する。

列車のトイレにも長い歴史がある。かつてのトイレは垂れ流し式で、線路の上に汚物をまき散らしながら走っていた。そのため駅や線路周辺の人々が悪臭に悩まされるなど、いわゆる「黄害」問題が発生していた。一応、停車中や市街地ではトイレの使用を控えるルールがあったが、守らない人も多く、あまり効果を上げなかったのである。

その後は、粉砕式というトイレが登場した。汚物と処理液を混合、粉砕してタンクで殺菌・脱臭してから車外へ排出するというものだった。垂れ流し式よりはずいぶん改善されたが、それでも沿線の被害がゼロになったわけではなかった。

　新幹線をつくる際にも、トイレをどうするかは大きな問題になった。高架を走る新幹線では、汚物を放出する方式のトイレは使えない。まず、すでに導入されていた汚物を溜めるタンク式のトイレの導入が計画された。しかし、タンク式の場合には、タンクの容量が列車の運行に影響するため、高速で走る新幹線には不向きだと判明した。

　そこで採用されたのが「循環式」のトイレだ。あらかじめ汚水タンクに消毒液と水の混合液を入れておき、汚物を汚水タンクに流したら、それをフィルターに通して再利用するというものである。列車のトイレの水が青いのはその消毒液の色なのだ。

　この方式なら汚物を車外に出さず、汚水タンクの小型化も実現できる。だが、まだ臭いが残るという難点があった。そこで、循環式を改良した方式が導入された。水で流した汚物を圧縮空気によって一気に吸引して、汚水タンクに送るという「真空式」のトイレだ。現在の新幹線に使用されているのはこの方式のトイレ。新幹線のトイレで水を流すときに、ジュポッという音がして一気に吸い込まれていくのは、そのためなのである。

真空式のトイレが導入されて、1回に使う水の量が減り、吸引口を瞬時に閉じられるので悪臭もシャットアウトできるようになった。新幹線では最新技術が、車体や走行に直接関連する装備ばかりでなく、トイレにも駆使されている。

将来、新幹線も在来線を走ることができるようになるのか？

新幹線と在来線の違いのひとつが、レールとレールの幅＝軌間（ゲージ）である。乗客として車内にいるぶんにはピンとこないが、新幹線のレールは幅1435ミリメートル、在来線のレールは幅1067ミリメートルとなっており、この違いは大きな問題のひとつである。

高速で走る新幹線は、在来線とはまったく別のものとして建設された。大型で大出力のモーターを搭載し、高速でも安定した走行ができるように、専用の幅広いレールが敷かれたのである。しかし、在来線とレール幅が異なるこの方式で、新規に路線を敷くと莫大な費用がかかるので、新たに新幹線を走らせるためには別の方式も検討されるようになった。

山形・秋田新幹線は、在来線のゲージ幅を広げる「改軌」によって、新幹線と直通運転を可能にしている。ところが、この改軌の工事には長い時間がかかり、その間、列車は運行できない。その代わりの交通機関を確保しなくてはならなくなり、問題点も多い。

そこで考えられたのが、ゲージはそのままで、電車のほうが車輪の幅を変える「フリーゲージトレイン」である。これは別名を「軌間可変電車」といい、完成すれば同じ電車で幅の違う軌道を走行できるようになる。

幅の違う軌間の線路の間には軌間変換装置を設け、フリーゲージトレインがここを通過するときには車輪が横にスライドして幅を変えるという方式である。これならば新幹線と在来線の乗り入れが可能になるし、一編成の電車が車輪の幅を変換するのにかかる時間はわずか数分ですむ。

フリーゲージトレインとよく似たものが、スペインですでに走っている特急の車

軌間変換装置(模式図)

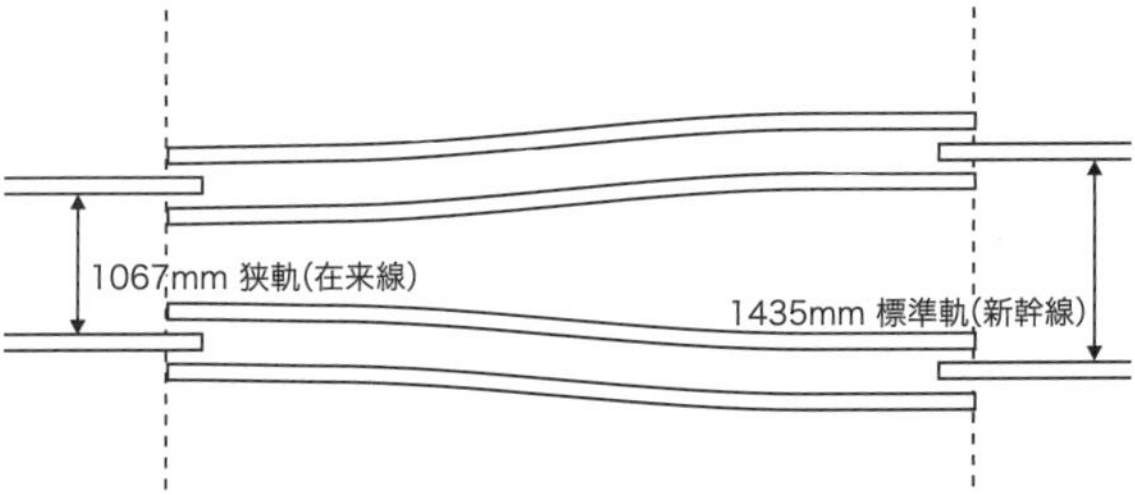

フリーゲージトレインは軌間変換装置を通り抜けることで、車輪の幅を変える。

両「タルゴ」だ。ヨーロッパの標準軌は1435ミリメートルだが、スペインの在来線の軌道は1668ミリメートル。そこで、国境を越えて違う国の鉄道にも乗り入れられるようにと開発されたのである。ただし、タルゴは自ら動力装置を持たない「客車」であり、新幹線はモーターを搭載している「電車」なので、クリアすべき問題はたくさんある。台車構造が複雑なうえ、タルゴよりも高速で走らなければならず、より安定した性能が求められるのである。そのうえ、日本の在来線の鉄道は、スペインの鉄道よりずっと急カーブが多い。

だが、フリーゲージトレインが実用化されれば、大規模な線路工事も必要はなく、在来線を生かしながら低コストで新幹線網を広げることができるようになるのだ。

「運転士は時速30キロ以下でしか運転しない」とはどういう意味なのか？

時速２００キロメートル以上で走行している新幹線では、高速・大量輸送であればこそ、いざというときしっかり減速・停止する仕組みが必須機能だ。いかに安全かつ確実に減速させるかは、新幹線にとって大きな技術的な課題である。そのため新幹線には開業時から、列車の状況を信号で車上装置へ送り、ブレーキを自動的に作動させる自動列車制御装置（ＡＴＣ）が採用されている。またＡＴＣは、運転士による運転そのものにも大きく影響している。

たとえば、電車が停車駅に近づくと、何キロメートル手前で速度を最高時速からここまで落とし、さらに近づくともっと落とすという信号が、地上から新幹線の運転台に送られる。するとATCブレーキが作動し、列車は自動的に減速していく。運転士はスピードが何キロまで落ちたかを速度計で確認し、時速30キロメートルになって初めて手動ブレーキで、ホームの停車位置に正しく停車するように操作をするのだ。極端にいえば、駅に停車するとき、新幹線が実際に運転士によって運転されているのは、時速30キロメートル以下の自動車並みのスピードになってからなのである。

ほかにもATCは、先行列車との距離やカーブなど列車の周辺状況に応じて信号を送り自動的にブレーキをかける。ATCについて調べていくと、新幹線の運転士は、時速30キロメートルまで減速して初めて運転するかのようにも思えてきてしまう。

たしかにATCによって、停車駅手前での減速などは確実に行なわれるが、基本的には、運転士が次の駅までの距離と時間を計算しながら速度を調整している。ATCは、決して自動運転装置というわけではない。

ATCには、2002年12月の東北新幹線・盛岡〜八戸間開業時に、列車に伝える情報をデジタル化した「デジタルATC」が登場した。アナログでは列車の外の地上装置から信号が送られていたが、デジタルでは車上装置側、つまり列車自身が制御能力を備えていること、また、伝える情報量が増え、速度の調節がアナログでは段階的だったのが、デジタルでは連続的に滑らかにできるようになった。

たとえば減速するとき、アナログでは速度切り換えのたびに、ガクンと体が揺れる感覚があったが、デジタルではスムーズだ。

ＡＴＣの進化は、安全性だけでなく、快適性をも高めているのである。

運行当初の新幹線の車両数は、なぜキリのいい10両ではなく中途半端な12両だったのか？

旅客輸送量を示す単位には、利用客の人数と乗車した距離をかける「人キロ（人数×キロ数）」という単位が用いられる。東海道新幹線の２０１２年の輸送人キロは４４９億人キロだ。１９６４年に新幹線の営業が始まったとき、国鉄が算出した東海道新幹線に見込まれる輸送人キロは、１３３億６８００万人キロ。現在のおよその3分の1だ。

開業から四半世紀経った1988年を見ると、321億人キロ。自動車や飛行機などの移動手段が常に進歩してきたことを考えると、東海道新幹線が着実に利用者数を伸ばしてきた様子がわかる。

ほかに、東海道新幹線の輸送量の目安となるデータとしては、2018年の時点で、一日の列車本数373本、輸送人数47万7000人という数字がある。

1964年の「ひかり」「こだま」を合わせた列車本数は60本。本数は現在の6分の1以下で、しかもすべて12両編成だ。開業初年度は、新システム導入直後の故障などを考慮して、運行に余裕をもたせていたという事情もあり、翌1965年には86本、1970年には、「ひかり」を16両化して202本と、飛躍的に輸送力を伸ばしている。

東海道新幹線が開業したとき、車両編成数は「ひかり」も「こだま」も12両だった。新たなスタートなのだからキリのいい数字にして10両編成でもよさそうなものだが、なぜか12両でスタートした。

じつは、この編成に決まるまでには、何年も前から綿密な計算がなされている。

『新幹線不思議読本』の梅原淳氏によると、まずは開業時の東海道本線全体の旅客輸送量を予測することから始まった。

その結果は、２２３億５８００万人キロ。ここから、定期券利用者、計画中の東名・名神高速道路が開業したらそちらを利用する量を差し引き、残りを新幹線と在来線とに利用予測に基づいて分配、さらに、新システム「新幹線」のもの珍しさによる集客を加味して、前出の１３３億６８００万人キロが、開業時の新幹線に求められる輸送量ということになった。

次に、新幹線の編成と本数が算出された。当初は8両編成の列車で６６４人乗り、「ひかり」「こだま」を合わせて一日58往復を走らせる計算だった。しかし、開業してすぐは初期故障や思わぬトラブルが起こる可能性もあると考えた国鉄は、本数を一日30往復に減らして発着時間の間隔を広くし、その代わりに車両数を8両編成から12両編成にして一度に運ぶ乗客を多くしたのである。

こうして、10両ではなく12両編成の新幹線がスタートを飾ることとなった。その後、新幹線の輸送量は増える一方で、万国博覧会を翌年に控えた１９６９年には、「ひかり」が16両編成となる。

じつは開発時から、いずれ新幹線は16両編成になるだろうと、駅のホームも新幹線用の車庫もすべて16両編成用に建設されていたというから、その先見性に驚かされる。ただし、その日がやってくるのは1975年頃であろうと考えられていたので、予測よりも早く実現したことになる。新幹線は、専門家の綿密な計算よりもずっと早く、我々の生活に浸透したのである。

先頭車両の「鼻」の部分に収納されている重要なものとは？

新幹線の車体で目につくのは、先頭車両の先の大きなでっぱりだ。先頭車両を顔に見立てると、ちょうど「鼻」に当たる部分である。初代0系以降、ロングノーズの500系や独特の複雑な曲面で構成される700系など形状はいろいろあるが、いずれも流体力学に基づいて空気抵抗を少なくするために考えられたものだ。

しかし、それだけではない。あの鼻の中には、新幹線にとって重要なものが入っ

写真提供／ＪＲ東日本

新幹線の「鼻」が開き連結器が現れた。写真のE3系は全自動連結システムを搭載している

ている。飛行機の機首に入っているのはレーダーだが、新幹線の鼻にはいったい何が入っているのか。

それは「連結器」である。ちょうどヘッドライトのようになっているところが、中央から左右にパカッと開くようになっていて、そこに連結器が収まっているのだ。

この連結器は、当初は非常用に設置されていた。もしも故障によって車両が動かなくなったときなどに、前後にいる車両が現場に駆けつけて、連結器を使って車両同士を連結し、故障車を引いて移動するのだ。短い間隔で走る新幹線では、故障車両を牽引するための列車を現場に派遣している余裕がないので、こうした方法が採用されたのである。ところが、現在では連結器は、それとは違う役割を担う場合も多い。車両の編成の連結と分割という役割だ。

たとえば、東北新幹線は山形新幹線や秋田新幹線、北陸新幹線に直通する。そのため福島駅や盛岡駅で、編成の連結と分割が行なわれる。このときに、車両の連結や切り離しをするのが現在の連結器の大きな役割だ。以前とは違って、非常時だけではなく通常でも使用されるようになったわけだ。

かつての連結器はあくまでも非常用だったから、手動で操作するようになっていた。しかし、これでは日常的な連結や分割には不便だ。そこで現在では電動によってコントロールするようになっている。

現在、E5系、E6系などは、このように途中駅で連結や切り離しを行なうための全自動連結システムが搭載されている。各車のモーターに速度を指示する電気配線、ブレーキ用の圧縮空気を送るブレーキ管なども、運転台にあるスイッチだけで作業がすむようになっていて、簡単に連結、分割ができるようになっているのである。

長さ25メートルもある車両どのようにして線路に入れているのか？

新幹線の車両は車両メーカーの工場でつくられるが、その車両をどうやって線路まで運ぶのか不思議に思う人も多いはずだ。

列車は、製造工場が鉄道会社の線路に接して建てられている場合が多い。そのため、列車は、線路を通って搬入されるケースがほとんどだ。工場から、違う鉄道会社の線路を経由して車両が納められることもある。だが新幹線の場合、工場が接していないとなると、在来線を経由させることができないため、短距離はトレーラーで道路を、長距離は船で海上輸送することになる。

陸路では、新幹線という超大型貨物を輸送するため、交通量の少ない夜間に運ばれることが多いようだ。長さ25メートルにもなる新幹線の車両をトレーラーで運ぶには、一般交通への影響が大きい。交差点では、反対車線までの道幅いっぱいを使って曲がらなければならないほどだ。このため、事前に警察や国土交通省への申請が義務づけられている。

その地区に初めて新幹線車両を搬入する場合は、数年をかけた一大プロジェクトとなる。港湾や道路の詳細な事前調査が必要になり、道路ならば、道幅や勾配、カーブなどが要注意だ。ほかにも交通量、道路整備状況はいうに及ばず、街路樹や電線などの高さ、橋の強度に至るまで詳細に調べられる。

九州新幹線を、山口の製造工場から船と陸路を使って鹿児島県の川内《せんだい》市（現・薩《さつ》摩《ま》川内市）の車両基地まで運ぶための事前調査の様子を、中下光治《なかしたこうじ》氏が『図説 鉄道車両はこうして生まれる』で以下のように述べている。

まずは、陸揚げ港を選定することからプロジェクトは始まった。岸壁の強度や海上のうねり、風、スペースの問題などあらゆる観点から港を調査して川内港に決定している。

もちろん、中下氏らは港で陸揚げしたあとについても詳細に調査をしていた。その結果、九州新幹線の場合も陸上輸送に当たって、ルートの途中にいくつかの問題点が浮上した。それは、通過を予定している踏切の電線に高さの余裕が小さい、車両基地取り付け道路の幅が狭い、基地搬入の道路勾配が大きすぎるなどである。そのため、通行時の送電停止を依頼し、道路は拡幅、さらに道路勾配についても修正したのだという。
新幹線の大きな車両が道路を走る光景は、誰もが圧倒されるほどの迫力なのだそうだ。

新幹線と在来線では、なぜ、加速レバーとブレーキレバーの並び方が逆なのか？

新幹線に限らず電車の運転台には、クルマのハンドルや船の操舵輪《そうだりん》のように方向を決めるハンドルがない。線路上を走るため、運転士が方向を調整する場面はないのだから当然といえば当然である。運転士の走行中の仕事は、おもに電車のアクセルとブレーキの操作だ。一般的には、レバー式のふたつのハンドル、マスターコントローラー（マスコン）とブレーキを動かしていくのである。足もとのペダルは警笛であり、電車の動きには関係がない。

発車時には、運転士がマスコンを手前に引くと電車は加速する。ぐんぐん加速し

N700系のシンプルな運転台

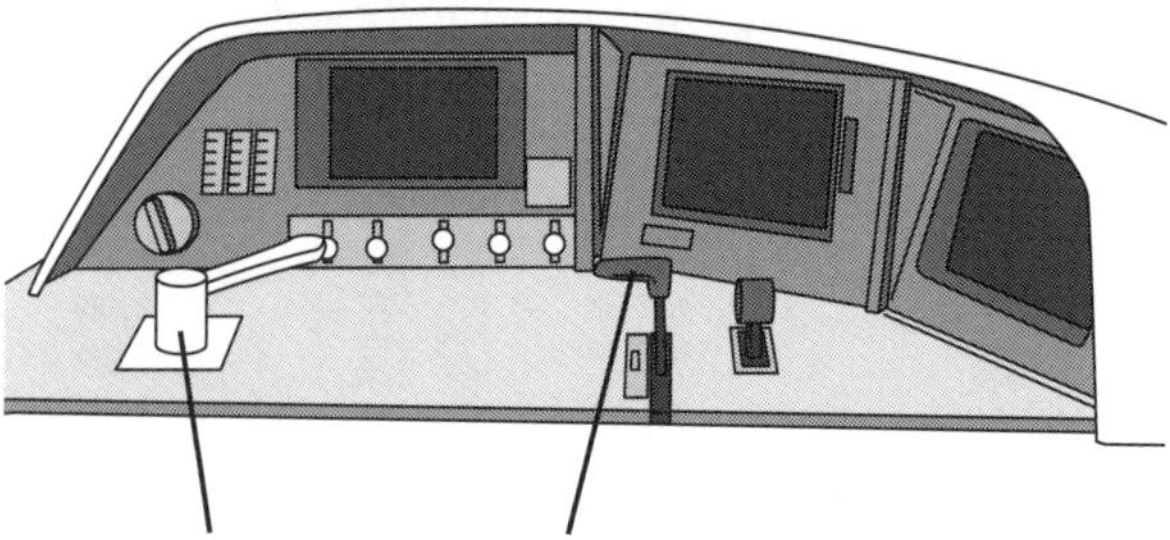

在来線では、ブレーキハンドルとマスコンの位置が上図とは左右逆になる。

て所定の速度に達したらマスコンをオフの位置に戻しておけば、あとは慣性で走行していくのだ。電車は一度加速すると、慣性でもかなりの速度で走行できる。

停車するときには、今度はブレーキハンドルを回して操作する。ハンドルの回し方がスムーズでないとスムーズに減速できないし、急に目いっぱい回すと急ブレーキがかかる。また、所定の位置に停車するための微調整も重要だ。流れるように減速してぴたりと所定位置に止める。そのためには、微妙なコントロールが必要になる。

新幹線も、ブレーキハンドルとマス

コンの操作で運転する基本は同じだ。ただし、ハンドルの左右の並びが在来線の電車とは逆だ。在来線では右側にブレーキ、左側にマスコンがあるが、新幹線では右にマスコン、左がブレーキだ。

基本的な運転のための装置を逆に配置しているのは、新幹線と在来線とでは、運行する際の特性が違うからだ。在来線の電車は、駅間が近く頻繁に停車するため利き手側にブレーキを設けている。

一方、停車回数が少ない新幹線は、定刻発着をするために速度調節が重要な仕事となる。そのため、マスコンを右に設置しているのだ。

時速３００キロメートル近くのスピードを出す新幹線の運転台は、運転士が集中できるよう計器の並び方なども工夫されている。Ｎ７００系などはずいぶんシンプルである。

今はデジタル制御でハイテク化され、モニターで走行状態、故障、乗車率までが一目瞭然にわかるシステムになっている。

なんと、新幹線のブレーキの原理は自転車をこぐとライトが点く原理と同じ！

高速で走る新幹線を安全に停止させるため、ブレーキの技術も進歩してきた。そもそも、鉄道車両は鉄のレールの上を鉄の車輪で走るという性質上、摩擦力によるブレーキをかけても車輪が空転しやすい。いったん空転すると、車両が正常に走ることも止まることもなかなかできなくなる。鉄道車両は、アスファルトの上をゴムのタイヤで走る自動車よりもずっと、ブレーキを利かせるのが難しいのである。

通常、電車で用いられているのは「発電ブレーキ」である。これは車輪の回転によって発生するモーター内の電気を熱エネルギーとして消費させ、モーターの回転を抑制する方式だ。この原理は、ひと昔前の自転車のライトを思い浮かべるとわかりやすい。

ひと昔前の自転車は、ライトを点けると、ペダルが重くなってこぎにくくなった。これは、ライトを点けるための発電機が車輪の回転によって駆動し、自転車を走らせる運動エネルギーの一部が、発電機によって電気エネルギーに変えられてライトの光となっていたのだ。

発電ブレーキでは、モーターによって発生した電気エネルギーを熱エネルギーに変換させ、大気中に放出している。こうすることで電気が消費され、モーターの回転を抑える力が働くのである。もっとも、この発電ブレーキは一定の速度以下では利かなくなる。そのため、電車が低速で走行しているときは、ブレーキシューというディスクを車輪に押し付けて摩擦力を発生させるディスクブレーキなどが用いられている。

新幹線は高速で運転されるため、在来線よりも高いブレーキ能力が求められる。発電ブレーキと原理は同じで、空転させず確実に減速できる方式として開発されたのが、電力回生ブレーキである。これはモーターから発生した電気をパンタグラフに通して架線に戻すという方式で、戻った電力はほかの電車によって消費される。電力回生ブレーキを、ＶＶＶＦインバータ制御装置（車輪が空転しそうになると自動的にモーターの回転数を制御する装置）とともに用いることによってモーター負荷の微調整ができ、何よりの課題であった空転を防ぐ効果がある。電力回生ブレーキは、３００系の新幹線で初めて用いられ、その性能が優れているため、その後、フランスのＴＧＶなどで同様の方式が採用されている。

在来線の車両の寿命は30年前後では、高速走行する新幹線の寿命はどのくらいか？

家電やクルマに寿命があるように、新幹線にも寿命がある。どんなに科学技術を結集してつくられたものでも、それは避けようがない運命だ。

もちろん定期検査を実施したり、修繕工事を行なったりするなどしてメンテナンスに努めるが、それでも少しずつガタがきて傷んでくる。そうなれば引退してもらうしかない。

では、新幹線の寿命はどれくらいなのか。

国鉄時代にはだいたい13年とされていた。車両が８回目の全般検査（車両を分解して実施する検査。クルマの車検に当たる）を行なう時期に当たる。距離でいうと０系なら３６０万キロメートル、それ以外は４８０万キロメートルを走行したあたりということになる。13年というのは、ちょうど減価償却を終わったころだけに、それとともに引退することになっていたのである。

だが、近年は機器の信頼性や修繕技術の向上などにより、新幹線の寿命も延びる傾向にある。２００８年に引退した0系車両は、「こだま」として運行していて一日の走行距離が短く、速度が遅かったため、20年以上も現役を続けていた。とはいえ現在の一般的な寿命はほぼ15年前後。これはだいたい６００万キロメートルを走行し終えた時期に当たる。

しかし、それでも在来線に比べれば、圧倒的に寿命は短い。在来線の寿命はほぼ30年前後、大事に使えば50年以上はもつともいわれる。新幹線は高速で長距離を走るため、どうしても寿命が短くなってしまうのだ。

こうして寿命を迎え、廃車になった新幹線がどうなるかというと、廃車専用の工場へ送られる。そこで解体されて、まだ使える一部の部品ははずされて再使用される。また、かつては座席などが一般に販売されたこともあった。それ以外のほとんどの車体や機器は廃棄される。

解体する際は、車両は車体と台車に分けられ、それぞれ切断されて、１・５～２

メートル程度の大きさに刻まれる。そうやってスクラップとなった金属の多くは売却されてリサイクルされるのである。

長年にわたって一生懸命走ってきた新幹線の最後としては、少し気の毒な気もするが、ほかに使い道もなくスクラップにせざるを得ないのである。

乗り心地向上が目的ではなかった？ シートとシートの間が広くなった本当の理由とは？

長い時間乗車することが多い新幹線だけに、座席の座り心地は乗客にとって大きな関心事だろう。

新幹線の座席はグリーン車だけでなく、普通車用もほとんどがリクライニングになっている。また、シートピッチ（シートとシートの間隔）も広くゆったりとしている。

じつは、昔は今の１０４センチメートル（一部先頭車両、グリーン車は異なる）

よりも狭い98センチメートルだった。それが現在のような広さになったのは、乗り心地の向上という理由よりも現実的な、意外な理由が存在していたのである。

現在では、新幹線の座席は回転式になっているが、開業当初は転換クロスシートという方式だった。

座席そのものは固定して、背もたれの部分を上りと下りで前後に転換させるものだ。新幹線の座席は従来の車両と違い1列が2席と3席になっていたため、3席側の座席を回転させると前後の座席にぶつかってしまう。そこで、こうした方式が採用されたのだった。

ところが、この方式だとリクライニングはできない。また、上りと下りで座席を前後に転換させるため、下り列車では後部座席の乗客の靴などが触れる部分が、上り列車では背もたれになるという欠点もあった。そのため、当時の新幹線の座席の評判はあまりいいものではなかった。

そこで、新幹線でもリクライニングシートを採用することになった。ところが問題となったのは、シートとシートの間隔である。

シートの間隔が従来のままでは、回転させるときにぶつかってしまうのだ。こうしてシートピッチを広げて回転ができるようにしたのである。

従来は98センチメートルだったシートピッチは、104センチメートルにまで広げられたのだ。

速い乗り物に乗ると起こる〝耳ツン〟現象 しかし、新幹線ではあまり起こらないその理由とは？

飛行機で急激に上昇すると鼓膜が圧迫されてツーンとなることがよくある。いわゆる〝耳ツン〟という現象だ。これは気圧の変化によって起こるもので、高層ビルのエレベーターに乗ったときなども同じような現象が起こる。

電車に乗ってトンネルに入ったときにも、軽い耳ツンが起こることがある。飛行機ほどひどくないが、あまり気持ちのいいものではない。実際に経験した人も多いだろう。

新幹線開業前、この耳ツンは大きな問題だった。通常の電車なら軽い耳ツンですむが、新幹線はスピードが速いために激しい耳ツンが襲う。試作当初の新幹線がトンネルに入ったときには、激しい耳ツンが起きて、耳鳴りのために一瞬音が聞こえなくなってしまうほどだったという。

これほどの耳ツンは、設計段階ではまったく予想されていなかった。これでは乗客に快適に過ごしてもらえない。新幹線の技術陣は大急ぎで対策に乗り出した。

気圧の変化がどのくらいで、どのくらいの速さで走行したら耳ツンになるのかなど、耳ツン現象について基礎から調査・検証したという。また、テープ状のもので目張りをして車体内部を気密にするなど、さまざまな実験も行なった。

その結果、採用されたのは車内を密封する方法だ。客室に通じるわずかなすき間までひとつずつふさぐのと同時に、ドアにも工夫を施した。ドアが閉まったあとに、ドア上部に取り付けた空気シリンダーと、ドアの左右各2カ所に取り付けられたコロの働きで、ドアを内側から外側に押さえつけて、気密性を高めたのだ。

もちろん、あまりにも気密性を高めすぎて、酸欠が起きないように配慮することも必要だった。

こうした技術は改良が重ねられ、現在では当時よりもさらに高速の新幹線でも、それほどひどい耳ツンが起きないようになったのである。

レールの上を走る車両の大きさが、なぜ道路幅の制約を受けなければならないのか?

ひと口に新幹線といっても、最初に開発された0系以降、性能やデザインに数々の改良が重ねられてきた。だが、何しろ新幹線は線路の上を時速300キロメートルの高速で走る列車だ。途中にはトンネル設備もある。それらにぶつからず快適に走行するために、新幹線車両の大きさにはさまざまな規定が定められている。

このうち、車両の幅と高さはなんと道路幅の制約を受けている。踏切ももたず、道路と交わることのない新幹線の車両の大きさが、なぜ道路幅の制約を受けるのだろう。

じつは、新幹線には貨物列車が走る構想があった。車両の幅と高さの基準となったのは、在来線輸送や道路輸送も行なわれる貨物列車のコンテナの大きさなのである。車両の大きさに関する規定は、5トンコンテナを横積みにする場合を想定して検討されたという。その結果、車体幅は3・4メートル、高さ4・5メートルの車両限界が採用されたのだ。最初の0系新幹線は、この限界内で少しでも抵抗を減らし、また見た目の美しさも考慮して曲面をもたせたつくりになった。

では、車両の長さはどう定められているのだろうか。

1両の長さは、長いに越したことはない。まず、長ければ長いほど1両あたりの輸送力は高まる。そして、同じ長さの編成をつくるのにも連結車両が少なくてすむ。1両が長いほうがコストダウンできるのだ。しかし、だからといって長すぎると、カーブで連結された隣り合う車両同士が接触する可能性がある。急カーブもある在来線の場合、車両の長さは20メートル前後だ。

また、ひとつの車軸にかかる車体の重さ（軸重）も、考慮しなければならない。車両が長くなれば1両あたりの重量が増し、車軸への負担が大きくなる。当初は、30メートルの長さの車両も検討されたが、車体そのものや搭載する装置類などの総重量から算出すると、車軸の耐久性を超えてしまった。

これらの点を踏まえて検討した結果、新幹線の1両の長さが25メートルに決定したのである。

新幹線計画時に、新幹線には結局、貨物列車が走らず、車体そのほかの軽量化が進むとわかっていたら、もっと大きな車両も可能な規定となっていただろう。今より大きな、幅5メートル、長さ30メートルの大新幹線が走っていたかもしれない。

第5章
システム・設備

レール、トンネル、ホームにまつわる疑問

「線路はずっと平行線」と思っていたら大間違い!

列車特有のガタンゴトンという音がなぜ新幹線では聞こえないのか？

列車に乗っていると、ガタンゴトンと音がして体が揺れるが、新幹線ではその音と揺れがほとんど感じられない。そこにはレールの特徴に違いがある。

あのガタンゴトンは、レールの継ぎ目の音だ。鉄道というその名が示すように、レールは鉄の鋼材でできているが、鉄は気温の変化に伴って膨張・収縮する。そのため、あらかじめ隙間を空けて連結されていることはご存じだろう。もしも隙間がなかったら、夏の高温でレールが膨張し、グニャリとたわんで軌道がずれてしまう。通常のレールは1本25メートルが基本であり、列車がこの継ぎ目を通過するたびにガタンゴトンという音と揺れが生じるのである。

このようなレールの敷き方は、「継ぎ目遊間方式」と呼ばれている。

新幹線でガタンゴトンという音が聞こえないのは、1本200メートル以上の長さの「ロングレール」を使用しているからである。

このロングレールとて、通常のレールを溶接してつなげたものであるから膨張・

ロングレールの継ぎ目の構造

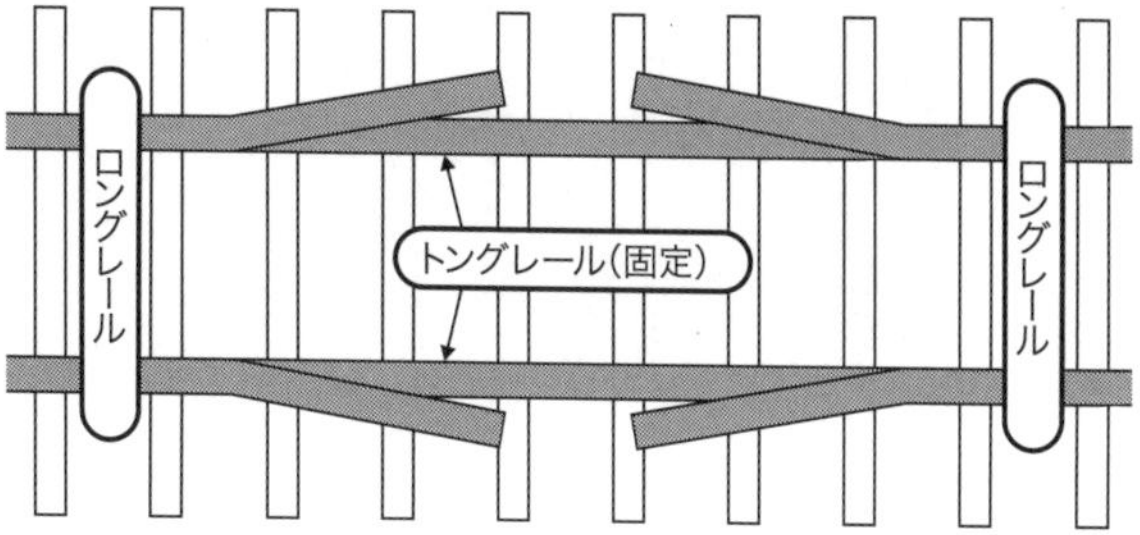

温度が上昇すると、ロングレールは膨張し外側へ逃げるように伸びる。

収縮するのだが、隙間を空けるのではなく、「伸縮継ぎ目方式」によって長さの変化を吸収している。

伸縮継ぎ目方式とは、２本のロングレールの間に、「トングレール」という短いレールを挟む形にする方法。ロングレールの端は外側に向き、トングレールは強固に固定してあるので、ロングレールは膨張するとトングレールの外側に逃げることになる。トングレールも膨張はするのだが、それ自体が短いために膨張量もごく少なく、軌道に影響を与えずにすむ。

継ぎ目の隙間がなければ、ガタンゴトンという音も揺れも少ない。しかも、継ぎ目遊間方式に比べて継ぎ目部分が変形・摩耗しにくく、周囲にまき散らす騒音も少ないというメリットもある。

伸縮継ぎ目方式には施設費が高く、保守管理にも手間がかかるという課題があった。そこで、伸縮継ぎ目の部分を少なくするための改良が重ねられた。その結果、東北新幹線のいわて沼宮内《ぬまくない》～八戸《はちのへ》間の約60キロメートルなど、50キロメートルを超える「スーパーロングレール」の導入も進められている。

そんなに長くて、レールがすり減ったり傷ついたりしたらどうするのだろうとつい考えてしまう。だが心配には及ばない。取り替える部分だけを切断し、別のレールを溶接するという技術も開発されているのである。

レールの下に敷いてあるのは砂利 砂利がばらけたりしないのか？

鉄道のレールは枕木によって支えられている。それでは、その枕木は何によって支えられているかというと、まず昔からの方式として、「バラスト」と呼ばれる砂利をレールの下に敷いて支えるバラスト軌道。そして、コンクリート、アスファルトと鉄筋でつくられた基盤部分にコンクリート製の枕木を埋め込むスラブ軌道。２種類の軌道がある。

バラスト軌道のメリットは、バラストが車両の振動や騒音を和らげてくれること、レールの位置が微妙に狂ったときに修正しやすいこと、水はけが良いため降雨時の枕木の腐食を防止できること、初期投資が安くすむことなどだ。

新幹線では、とくに建設費用を低減できる点から東海道新幹線などでバラスト軌道が採用されている。バラストは一度敷いたら、それで終わりというわけにはいかない。放置していると、そのうちに片寄りや沈み込みが起きて、列車の振動が大きくなるなどさまざまな問題が出てくる。そのため、日々、線路を支えるための調整が必要となるのである。

では、いったいどうやってバラストを調整しているのだろうか。その秘密は終電のあとの線路にある。

終電と始発の間の時間は、じつは線路の保守作業を行なうための大切な時間なの

写真提供／ＪＲ東海

レールの下の砂利に振動を与えて片寄りや沈み込みなどを修正するマルチプルタイタンパー

だ。このとき走る車両のなかに、「マルチプルタイタンパー」と呼ばれる車両がある。通称マルタイと呼ばれるこの車両には、超強力振動発生機（タンピングユニット）が備えられていて、これをバラストに挿入し、振動を起こす。この振動で枕木の片寄りや沈み込みが修正され、さらにレールのズレも修正される。おかげで、昼間に走行する車両の揺れや騒音が軽減されるのである。

便利なこのマルタイが導入される前は、わざわざ人間が小型のタイタンパーを使って、手作業でバラストの調整を行なっていたという。それが車両を走らせるだけでよくなったのだから、大幅に作業が楽になったわけだ。

地震大国日本で、新幹線の地震対策はどうなっている？

「地震大国」といわれるだけあって、地震の頻発は世界でも類を見ない。そのなかで新幹線が超高速で走っていることを考えれば、地震発生時の安全に不安がよぎるのも無理はない。

事実、新幹線は3度の大きな地震に遭遇している。１９９５年の阪神・淡路大震災、２００４年に起きた新潟県中越地震、２０１１年の東日本大震災である。阪神・淡路大震災は早朝だったので、車両への被害はなかったが、新潟中越地震では、上越新幹線が乗客を乗せて時速２００キロで走行中だった。震源地の真上だったため脱線したものの、車体の転覆や横転はまぬがれて死傷者は一人も出なかった。

東日本大震災ではＥ２系の試運転列車が脱線したが、台車が外れた程度ですんで

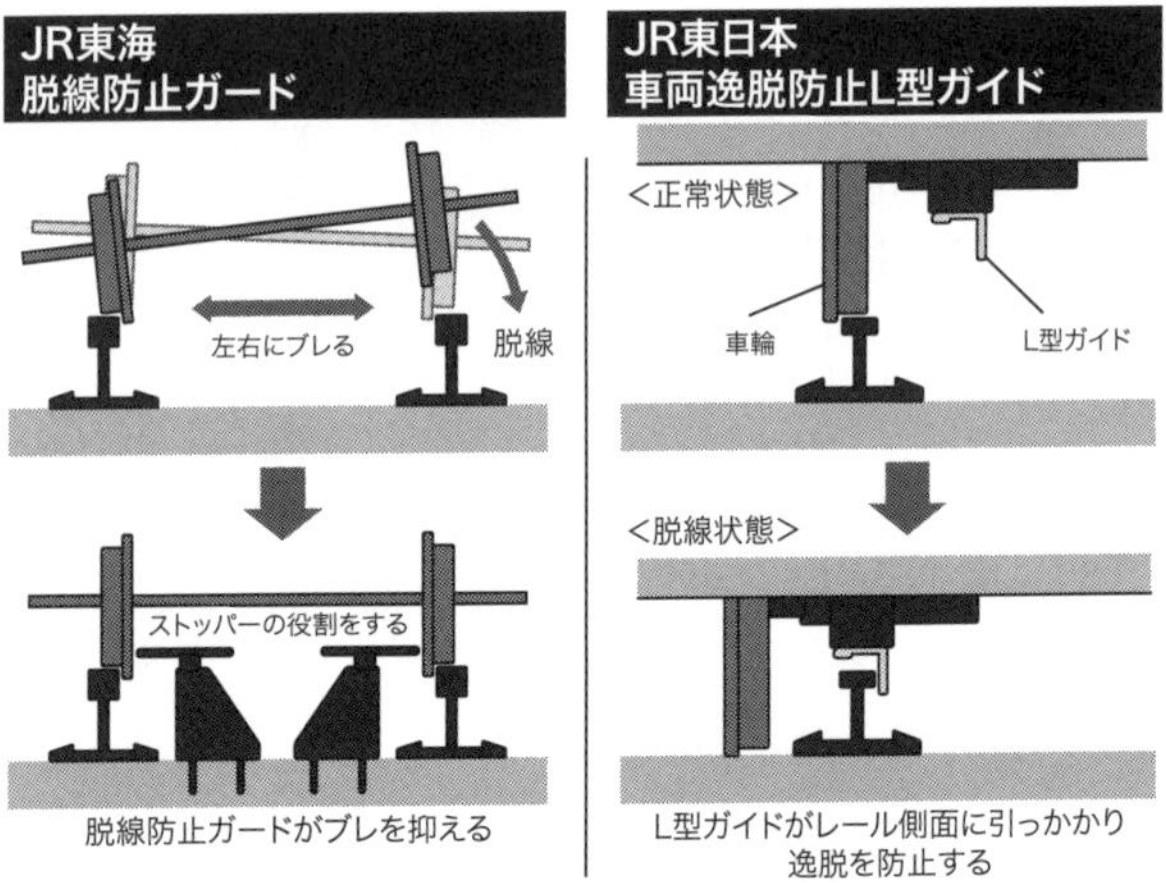

いる。いずれの大地震でも惨事には至っていないのだ。その背景には、新幹線ならではの地震に備えた二段構えの脱線防止システムがある。地震が発生した場合、揺れを感じてから列車を止めていたのでは手遅れになる。これを防ぐのが「ＵｒＥＤＡＳ（ユレダス）」という地震動早期検知警報システムだ。

　地震発生時には、大きな揺れが起こる前に「Ｐ波」と呼ばれるわずかな揺れが起こる。ユレダスは、このＰ波を検知し、大きな揺れが起きる前に列車を停止させる仕組みである。新幹線の沿線にＰ波を検知する検知点を多数設置。検知点でP波を観測すると、3秒以内に新幹線の非常ブレーキが作動するというわけだ。

現在、P波を検知してからわずか1秒以内にブレーキを作動させる「コンパクトユレダス（JR東日本）」や「テラス（JR東海）」と呼ばれる新しい装置も開発されており、導入がすすんでいる。中越地震と東日本大震災でも、このコンパクトユレダスが作動したおかげで、地震発生前に新幹線を停止することができ、惨事をまぬがれたのである。

さらに、二段階目にあるのが脱線防止装置である。

JR東日本では、左右の車輪の外側に逆L字型の金具を取り付けて車輪がレールから逸脱しないようにしている。逆L字型の金具がレールに引っかかることで、車両が線路から大きくはずれることはない。

JR東海ではレールの内側に脱線防止ガードを設置している。これは左右の車輪の中心にストッパーを取り付けて、脱線しても車輪がレールから大きく逸脱しない仕組みになっている。

線路脇に信号機がない新幹線
それでは、どこに信号機はあるのか？

通常、列車の運転士は、線路脇に立てられた信号機を目視して運転操作を判断している。道路の赤・青・黄の信号機と違い、鉄道の信号機は形もランプの数も種類が多く複雑だ。

だが、ホームであれ、新幹線の窓からであれ、新幹線の信号を見たという人はいないはずだ。それもそのはず、新幹線の信号は在来線のように線路脇にはない。時速200キロメートルを超す新幹線のスピードでは、人が肉眼で地上の信号をはっきりと認識するのは難しい。

そのため、新幹線は、なんと運転室の中に信号がある。この車上信号方式は、レールに特定の周波数の電流を流して、それを列車が受信する仕組み。信号といっても地上信号のように赤、緑色などで表示されるのではなく、そのときに出せる最大速度を数字で表示するのである。

つまり、時速270キロメートルを出せる区間であれば、運転台に「270」の数字が表示されるというわけだ。

これなら運転士も見落としはない。万一、運転士に何か異変があって見落としてしまっても、制限速度以上のスピードが出ると自動列車制御装置（ＡＴＣ）が作動し、信号が表示した制限速度まで減速していくのだ。さらに、ＡＴＣのブレーキが作動し始めたときの決められた操作を運転士がしないと、ＡＴＣは運転士に何か異常があったと判断し、列車を停止させる。

ＡＴＣは、１９６４年、東海道新幹線開通とともに日本に登場したが、今や新幹線だけでなく、山手線など在来線でも採用されている。

開業以来、事故はゼロ！どこがすごいのか？

高い安全性とスピードを誇る日本の新幹線は、１９６４年の開業以来60年近くにわたり、営業運転中の追突事故や死亡事故を一度も起こしていない。

この事実に世界は驚嘆する。

海外の高速鉄道ではこうはいかない。たとえば、2013年7月にはスペインが誇る高速鉄道アルビアが脱線事故を起こし、死者78名、負傷者約130名という大惨事が起きている。現場はサンティアゴの市街地で、運転士が列車の遅れを取り戻そうと、急なカーブで速度を落とさなかったことが原因と見られている。

スペインの事故より少し前の2011年7月には、中国の温州市で中国高速鉄道の列車が追突事故を起こしている。落雷で高架線に停止していた列車に後方から走行してきた列車が追突し脱線、先頭車両4両は高さ20メートル以上の高架線から落下、死者40名を出したのだ（中国政府発表）。線路上に停止している列車に後続の列車が追突するなど、日本の新幹線ではあり得ないことである。

日本の新幹線の安全性の高さには、2つのシステムが多大な貢献をしている。

ひとつは路線を高速鉄道専用にしている点だ。踏切がなく、在来線が乗り入れず、高速車両のみが運行できるようになっている。これを世界で初めて導入したのが東海道新幹線である。事故を起こしたスペインはじめ欧州では、高速鉄道が在来路線と共通・直通運転している。あまりにスピードの違う車両同士が行き交うので、これでは安全性が低くなるのも無理はない。

もうひとつは、本書でも何度も登場している追突を防ぐ自動列車制御装置（ATC）の導入である。後続列車が先行する列車に近づきすぎると、自動的にブレーキがかかるシステムだ。レールに電気信号が流れていて、先行列車の位置を後続列車に伝える。全路線を一定の区間に細分化して複数の列車が入らないように調整しているのだ。

日本の新幹線は、１９８７年のＪＲ東海発足後、35年間の歳月をかけてこのATCシステムを導入し、安全性を落とすことなく、運転本数の増加とスピードアップに奮闘してきたのである。

東は50ヘルツで西は60ヘルツ　異なる周波数の区間を新幹線はどうやってまたいでいる？

海外旅行に行く際、日本から持ち出す電気製品に関して注意を受けたことがあるだろう。国や地域によって電圧と周波数が異なるため、日本の電気製品を海外ではそのまま使用できない場合があるからだ。

電圧は変圧器などである程度調整できるが、周波数は仕様が異なると、使えない可能性もある。これは海外へ行く場合だけではない。日本国内でも富士川（静岡）と糸魚川《いとい》（新潟）を境に周波数が東日本は50ヘルツ、西日本では60ヘルツと異なっている。つまり、大阪から東京へ転居する場合、周波数が違うため、そのまま使えない電気製品もあるのだ。

周波数が異なっていてもテレビや掃除機などはそのまま使えるが、電子レンジや洗濯機は、部品や機器の交換が必要になる場合がある。

発電所から新幹線の変電所に送られる電気も、やはり富士川を境に周波数が異なっている。周波数が異なる地域を高速で走り抜ける新幹線は、大丈夫なのか。周波数の違いは、車両の変圧器や機器冷却用の送風機、冷房装置などに影響を与えてしまう。そのため両方の区域にまたがって運行する東海道新幹線は、周波数を60ヘルツに統一。50ヘルツの区域でも変電所で60ヘルツに変換して送電し、この問題を解消している。

やはり、ふたつの区域にまたがる北陸新幹線は、東海道新幹線とは異なる方式で対応している。周波数を併用できる変圧器を搭載し、送電設備側ではなく車両側で周波数の違いに対応している。

変電所、車両どちらにしろ、この切り替えのおかげで、新幹線は周波数が変わってもスムーズに走行できるのである。

どうして鉄以外のレールはないのか？

鉄道はその字のとおり、まさに「鉄の道」だ。なぜならレールは鉄でつくられている。でも、どうして鉄でなければならないのだろう。

列車を走らせるために頑丈で長持ちする素材である必要があったからだと思いがちだが、じつは違う。最大の理由は、鉄は摩擦が小さいからだ。

鉄道は、鉄の線路の上を鉄の車輪で走らせるため、貨物や人が乗った列車でもたやすく動かすことが可能だ。摩擦が小さい鉄の特性を有効に活かせるのだ。

たとえば、30トン以上もする電車の車両が道路に置いてあったら、大人4～5人で動かそうとしてもびくともしないが、レールの上の車両なら摩擦が小さいため動かすことが可能だ。貨物列車が機関車1台で、数トンの貨物を積載した何十両もの貨車を引っぱることも容易である。摩擦が小さいと、いったん滑り出せば加速がついてどんどんスピードを上げやすい利点もある。

つまり、鉄道は、小さなエネルギーで速く大量に輸送できる、効率的なシステムなのである。

だが、摩擦の小ささは同時に短所にもなる。すなわち、滑りやすいために発進時に加速しにくく、停止時には減速しにくくなるのだ。とくに雨の日は、滑りやすく車輪が空回りしてしまう危険も高くなる。

この空回りを防ぐためには、摩擦を少しでも大きくする必要がある。そのため、機関車などではレールに砂をまく装置が取り付けられている。

新幹線では500系や700系、800系などがセラミック粒子（すべり止め）の噴射装置を車両に搭載して空回りを防止する工夫を施している。

「線路はずっと平行線」と思っていたら大間違い！

線路というと、２本の同じ形状をしたレールが、平行に延々と続いているような印象がある。ところがカーブでは、レールは水平ではなく高さが左右で違うし、レール間の幅も均一ではないのだ。

カーブを曲がるとき、列車には外に向けて飛び出そうとする遠心力が発生する。このとき、乗客にもカーブの外側に引っぱる力が働き、乗り心地が低下する。カーブでレールの左右の高さが違うのは、カーブを曲がるとき発生する遠心力を打ち消すためだ。線路はカーブの外側のレールを少し高くして、外に飛び出そうとする列車をカーブの内側へ傾けることで遠心力を相殺させている。このカーブでの左右のレールの高低差を「カント」という。

速度が速ければ速いほど遠心力が大きくなるため、カントを大きく設定する必要がある。そのため、在来線の左右の高低差は最大10・６センチメートルなのに対し、高速で走る新幹線では最大20センチメートルにもなる。

カーブでのレールの形には、カーブの内側と外側とで高さが違うだけでなく、もうひとつ特徴がある。

カーブをスムーズに曲がるために設けられているのが、線路幅のゆとりだ。カーブで線路の幅が直線部分と同じだと、車輪とレールとの間に必要な「遊び」がなくなる。そのためカーブ部分では少しだけ線路幅が広くなっているのだ。いわば、線路幅が中ぶくれのようになっているのである。このゆとりは「スラック」と呼ばれ、在来線では最大3センチメートルもある。

ならば高速の新幹線はさぞやその何倍も！　と思うかもしれないが、新幹線ではわずか5ミリメートル。カントの場合とは逆に、新幹線のほうが小さくてすむのである。

新幹線のカントは、在来線の2倍もあるのに、スラックが在来線の6分の1しかないのは、スラックの幅が列車の通過するスピードではなく、カーブの緩急に影響されているからだ。新幹線はカーブがゆるやかであるため、スラックがほとんど必要ないのである。

時速300キロ走行を可能にしたモーターパワー以上に重要な三つのポイントとは？

時速300キロメートルを出す新幹線の速さの秘密は、車両の動力源の出力が大きいこともちろんあるが、パワー以上に重要だといえるのが線路設備だ。「レールの幅」「カーブ」「踏切」、線路にかかわる3点がスピードアップに大きく影響するのである。

まずレールの幅（軌間）は、新幹線のほうが在来線よりかなり広い。新幹線の軌間1435ミリメートル。在来線の1067ミリメートルより368ミリメートル広い。鉄道で高速運転をし、安定性を確保するにはまず、軌間を広くする必要がある。そこで新幹線では在来線に用いられている軌間ではなく、世界的に普及しているより広い軌間が採用されたのだ。

カーブについては、その曲がり具合が鍵になる。車を運転する際にカーブでは減速するように、列車でもカーブでは減速が必要だ。カーブがきつければきついほど、すなわちカーブ半径が小さければ小さいほど速度を抑えなければならない。高速運転を目的に建設される新幹線は、減速の度合いを小さくするためにできるだけカーブをゆるくしている。在来線は半径400メートルの急カーブも珍しくないが、東海道新幹線では半径2500メートル以上、山陽新幹線よりあとに敷設された新幹線では、半径4000メートル以上が基準となっている。

線路の敷かれ方という点では、勾配の基準も在来線と新幹線とでは異なっている。勾配については、水平の距離1000メートルに対して標高差が何メートルかを示す「パーミル」という単位が用いられている。在来線の線路敷設基準では、勾配は35パーミル以下とされるが、新幹線では15パーミル以下が基本（ただし特例では35パーミルまで認められている）とされている。

つまり、新幹線はカーブがゆるく、勾配もゆるやかな線路を敷くように義務づけられているのである。

これらの線路事情に加え、踏切が一切ないのも、新幹線のスピードアップの条件である。じつは鉄道には、やむを得ない場合を除いて道路と平面交差してはいけないという原則がある。本来は、道路に踏切は存在しないはずで、つまり、在来線の踏切は例外措置なのである。踏切がある場合、安全性を考慮して最高速度が制限される。しかし、新幹線はすべて立体交差しているため、速度制限がないぶん、高速で走行できるのだ。

なぜ上越新幹線の中山トンネルは大きく蛇行しているのか？

トンネルを用いれば、列車が山裾《やますそ》を大きく迂回《うかい》して進むよりも走行距離が短くなるという利点がある。新幹線ではさらに、トンネルによって直線区間を長くできるメリットがある。線路にカーブが多ければその数だけスピードをセーブする場所が増えてしまうが、直線距離が長ければ長いほど高速走行を維持できるからだ。このトンネルのメリットに反して、大きなカーブをもったトンネルが存在する。

上越新幹線は、群馬・新潟両県にまたがる山岳地帯を貫いて走るため、計画当初からトンネルが多くなることを覚悟しなければならなかった。在来線でも、名作『雪国』で川端康成が「国境の長いトンネル……」と表現した清水《しみず》トンネルがこの地域にあるが、上越新幹線のためには、開通すれば世界最長となる全長22・2キロメートルの大清水《だいしみず》トンネルが、上越国境に掘られることになった。

しかし距離では大清水トンネルより短い14・9キロメートルの群馬県側の中山《なかやま》トンネルのほうが、開業を5カ月も遅らせるほど、当時の国鉄を苦しめるものとなったのだった。その工期の遅れの原因は、直線を確保するというトンネルの利点にも影響を及ぼす結果になる。

136ページでもふれたが、工事中の1980年3月8日、中山トンネルのちょうど中間点付近で起こった異常出水は、それまで掘り進んだ区間を水没させてしまった。水をポンプで汲《く》み出し、最新の工法を採用しての工事続行を試みたが水脈は豊富で、出水の回避はできそうもなかった。トンネルの半分が通じた時点で新たなトンネルを掘るわけにもいかず、やむを得ず、この地点を迂回するルートへと変更が行なわれた。その結果、中山トンネル内に、半径1・5キロメートルのカーブをつくって翌年の12月下旬にようやく貫通した。

新幹線にとってこのカーブ半径は異例の急カーブで、1982年11月15日に開業した上越新幹線は、この区間だけ時速160キロメートルに減速せざるを得なくなっている。

新幹線の駅のホームの長さは何を基準に決められているのか？

新幹線のホームは、最大列車長（その路線の最大編成時における列車の長さ）プラス10メートル以上とされている。これは、1958年に新幹線建設基準委員会が定めた建設基準によって取り決められている。東海道、山陽、東北の東京〜盛岡間と上越の各新幹線のホーム長は410メートルであるが、これは新幹線車両1両の長さ25メートルに16両編成の16をかけた400メートルに、余裕として10メートルをプラスしたものである。

12両編成を想定した北陸新幹線と東北新幹線の盛岡〜八戸間は、同様の計算で25×12＝300、それに10メートルをプラスした310メートルがホームの長さだし、8両編成を想定した九州新幹線は25×8＝200、それに10メートルをプラスした

有効長（東海道新幹線の場合）

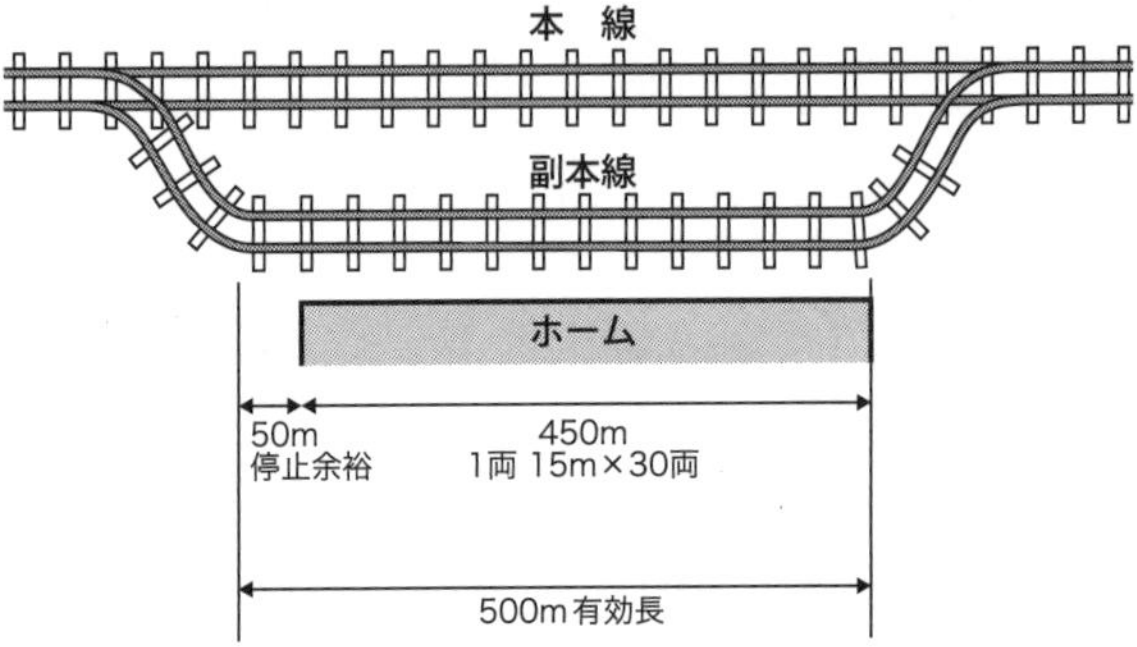

出典：『新幹線「徹底研究」謎と不思議』梅原淳（東京堂出版）

210メートルになっている。

ホームにどれだけの長さの列車が止まれるかは、「線路有効長《ゆうこうちょう》」あるいは単に「有効長」などと呼ばれる。有効長は、最大編成の長さ＋停止余裕の長さだ。東海道新幹線では、この有効長が500メートルとされている。25メートルで16両編成＝400メートル＋停止余裕の長さ100メートルかと思いきや、停止余裕の長さは50メートルで算出されている。つまり最大列車長は450メートルと考えられているのだ。ならば、最大編成は18両で計算したことになるのだが……。

じつは、東海道新幹線の有効長は、

「貨物列車15メートル×30両」を最大編成に想定している。山陽新幹線でも同様に、貨物列車30両を最大編成と想定、ただし停止余裕の長さは東海道新幹線の実績を踏まえ、30メートルに減らし、有効長４８０メートル以上としている。

貨物列車の走っていない新幹線の最大編成を、貨物列車30両とするのはなんとも不思議だが、これは、かつて新幹線に貨物列車を走らせる構想があった名残りである。ただし、東京駅と静岡駅のみは、新幹線の貨物列車は停車しない計画だったので、有効長は新幹線車両16両編成＋停止余裕の長さ＝４５０メートルとされた。

また、のちに東北・上越や九州新幹線の建設が決まったころは貨物列車を走らせる構想はすでに取りやめになっていたため、有効長は新幹線の最大編成＋余裕長30メートルが基本である。

貨物列車構想は、いまだに実現していない。新幹線開業と同時期に、貨物輸送の主役は鉄道から自動車になった。ただし社会状況が変わり新幹線を貨物輸送に使うとき、東海道・山陽新幹線では、貨物列車を想定した有効長を活かして物流戦略を立てられるのだ。

新幹線車両を受け止めるレールはどのようにメンテナンスしているのか？

最終電車の走行を終えた夜中の新幹線の線路に響くキーンという金属音、パチパチッと飛び散る火花、そして走り去る車両……。これは何も怪しい現象ではない。整備車両がレールの保守をしている光景である。

何しろ新幹線のレールは、時速３００キロメートルという速いスピードで走る車両からの大きな衝撃を受け続けている。レールの表面に次第に傷や摩耗が発生してしまうのも当然だろう。だが、そのわずかな傷でも高速で走る新幹線の走行には致命傷になりかねない。

そこで登場するのが、レールを保守するためのレール削正《さくせい》車だ。レール削正車とは、スイスのスペノ社がつくる全長96メートルの車両である。最高時速70キロメートルのレール削正車は、搭載された砥石《といし》を回転させてレールにこすりつけるようにして往復しながら、レールの傷を削っていく。このおかげで、レールの寿命が延び、走行時の列車の揺れや騒音なども軽減できるのだ。

写真提供／JR東海

レールを削って新幹線の安全運行を支えるスイス・スペノ社のレール削正車。2023年には同社の新型車両に置き換えられる予定となっている

しかも、それは驚くほど精密で細かい作業である。わずかなレールの傷が事故につながるように、今度はレールを削りすぎれば脱線などの事故を引き起こす可能性がある。削正するのはなんと片道0・02ミリメートル。しかもレールは平らではない。様々な角度で削正するため、0・1ミリメートル削正するために10往復以上することもあるのだ。

そして削正したあと、検測台車で、レールの状態を細かくチェックして問題がなければ終了となる。わずかな狂いもない、細かな作業が、新幹線の安全運行を約束する立役者となっている。

1キロにつき1メートルも伸び縮みするトロリー線 どうやって一定の張りを保っている!?

電車は電気の供給によって動くのは周知の事実。その電気は、発電所でつくられ、線路脇の変電所に届くと、線路の上に張っているトロリー線に流される。そして、トロリー線と接触したパンタグラフを通じて電車に供給され電車が動く。

離れすぎては電気の供給ができないが、くっつきすぎていると、トロリー線とパンタグラフの摩擦が激しくなり、くっつきすぎず、離れすぎずの状態で接触しなければならない。硬銅《こうどう》でつくられているトロリー線とパンタグラフとの関係は絶妙だ。

その仕様にかなった形でトロリー線は張られているが、トロリー線にはひとつやっかいな性質がある。温度差で伸び縮みしてしまうのだ。温度が上昇するとたるみ、温度が低下すると縮んでしまうのである。このため、夏と冬ではトロリー線1キロメートルの長さに対して1メートルも長さが違ってしまうのである。

トロリー線は高圧電流が流れているから車両と接触したら大変である。逆に張りすぎてパンタグラフと接触できないと、電気の供給が止まり、車両が止まってしまう。いずれにしろ、トロリー線は季節に応じて張力を調整し、張りを一定に保たなければならない。

そこで、線路にはこのトロリー線の伸び縮みを自動調整する仕掛けがある。線路脇の架線《かせん》の柱に取り付けられた滑車と、滑車からぶら下がっている重りを目にしたことはないだろうか。その滑車にぶら下がったコンクリートや鉄の重りが、トロリー線の張力に重要な役割を果たしているのだ。トロリー線が伸びてたるむとトロリー線を引っぱり、トロリー線が縮んで張りきってしまうとそのぶんトロリー線の張りをゆるやかにする。この重りは250キログラムもの重さがあるという。

1本200メートルもあるレール どうやって運んで設置している？

新幹線にはロングレールが使われていて、継ぎ目ができるだけ少なくなるよう敷設されている。ロングレールとは、通常の25メートルのレールをつなげ、200メートル以上に延ばしたものを指す。新幹線の場合、多くが1600メートルのロングレールだ。なかには数十キロメートルにも及ぶスーパーロングレールもある。

それほど長いレールを、どうやって運び、どうやって敷設しているのだろうか。

その作業を担当しているのが、日本機械保線やレールテックなどのレール輸送・検測などを行なう会社だ。これらの会社が、線路を走るロングレール輸送車にレールを積み、新幹線のレール交換作業を行なっている。

鋼鉄製のレールは、もともと1メートルあたりの重さで区別され、30キログラムから60キログラムまで7種類があるが、新幹線用は最も丈夫な60キロレール。レール工場では、この60キロレールの50メートルの長さのものが製造されるのが一般的だ。JR東海では、東海道新幹線用のこのレールを浜松レールセンターに運び、4本を溶接して200メートルのレールにする。これを運ぶのが編成全長280メートルのロングレール輸送車だ。

この輸送車は、200メートルのレールを16本ずつ2段に分けて32本を積み込める。敷設場所で、レールはクレーンで吊って下ろす場合もあるが、鉄には曲がる特性があり、その性質を活かして垂れ流すように、輸送車から下ろす方法もとられている。

そのうえで、さらに現場で200メートルのレールを溶接して、必要に応じた長さにしていくと、実際に使用中のレールの横に、交換されるのを待つばかりになった新レールが並ぶ。その後、取り替えられた古いレールは、再びロングレール輸送車が走りながら回収していく。

こうした、乗客の目に触れないところでの作業もまた、新幹線の快適な乗り心地と安全を支えているのである。

上越新幹線が採用した積雪対策「ドシャブリ作戦」とは？

上越新幹線の計画がもち上がったとき、当時の国鉄が一番に解決しなければならない問題は豪雪対策だった。

東海道新幹線が計画された当時、関ヶ原付近（岐阜県南西部）が豪雪地帯であるという地域特性を深く考慮しなかったため、しばしば大雪が原因の運休を余儀なくされている。基本的な積雪対策には、水をまいてレールに積もる雪を融解させる考えで、線路脇にスプリンクラーがつけられていた。

ところが、大量に散水すると、レールを敷く枕木の下の砂利（バラスト）の間に水がしみ込み、路盤沈下が起こって軌道がズレてしまう危険性が生じた。また水が車両の床下で氷結してしまった場合には、人が氷を払い落とすしかなく、人手と時間を要してきた。ときに床下機器に故障が生じて、今でも復旧に時間がかかることがある。

この教訓から、積雪が関ヶ原とは比較にならないほど多い上越新幹線では、雪への対策が地上装置だけでなく、車両の改良も含めて検討されたのだ。

まず線路は、砂利を敷いた従来のバラスト式でなくコンクリート上に枕木を並べるスラブ軌道が採用された。これでバラストがグラつく心配がなくなった。

スプリンクラーが6メートルおきに設置され、散水されるのは温かいお湯である。お湯で融かした雪は水路で地下の貯水槽に引き込まれ、その水が温められて再びスプリンクラーから散水されるという循環システムだからムダがない。

散水量は半端な量ではない。降水量に換算すると1時間あたり40～60ミリメートルに達するというからドシャブリ並みの量である。関ヶ原付近での散水は5ミリメートル程度だったのだから約10倍だ。

車両も、床下の機器凍結防止のため車体で床下まで包み込むボディマウント構造が採用され、万全の対策のもと真冬でもダイヤどおりの運行が続けられている。

新幹線のレール幅はなんと紀元前につくられたローマ街道のわだちの幅だった！

これまで繰り返し述べてきたように新幹線のレール幅（軌間）は、１４３５ミリメートルを採用している。これは国際的に広く使われ、標準軌と呼ばれているが、この幅のルーツは、なんと紀元前のローマ街道のわだちにまでさかのぼる。

紀元前3世紀、戦場へ兵士や食糧をより早く運ぶためにつくられたローマ街道。その街道を走る2階建て戦車のわだちの幅が、１４３５ミリメートルだったのだ。

やがてこの車輪の幅が石炭トロッコの車両の幅に受け継がれていく。

そして1825年、イギリスのスチーブンソンが蒸気機関車を走らせた際、このトロッコの幅をレールの幅に採用し、それがその後の国際基準となったのである。

日本の新幹線は、このレール幅を採用したものだ。つまり、日本の新幹線のレール幅は、紀元前3世紀のローマ街道の車輪の幅と同じサイズなのである。新幹線とローマにこんな共通点があったとは驚きである。

ならば在来線はどうなのかというと、JRの在来線の多くは「狭軌」と呼ばれる1067ミリメートルのレール幅を採用している。

在来線が狭軌になったのは、明治初期にイギリスに鉄道建設の技術協力を受けたことが大きかったようだ。イギリスは、日本が鉄道を導入する際に1067ミリメートルの狭軌の採用を助言。日本は起伏の多い地形とコスト的な面からこの狭軌を採用した。

だが、やはり大量、高速輸送には安定性が高い広い標準軌レールのほうが適している。そのため、早くも明治中期には広軌化を求める声が高まった。

その念願がかなったのが新幹線のレールだった。時速200キロメートルで走行するためには広いレールが必要であり、１４３５ミリメートルの標準軌が採用されたのである。

日本長大トンネルトップ10はすべて新幹線のトンネルだった！

新幹線に乗っていて、「トンネルが多いなあ」と思ったりしないだろうか。たしかに新幹線は、トンネルが多い。

たとえば九州新幹線の新八代～鹿児島中央間の70パーセントはトンネルだ。山陽新幹線は全路線の50パーセント近くがトンネルであり、上越新幹線は39パーセント、北陸新幹線の長野～金沢間の40パーセント、東北新幹線も23パーセントがトンネルである。比較的少ない東海道新幹線でさえ、13パーセントがトンネルを走っている。

目下、建設中の北海道新幹線の新函館北斗～札幌間の80パーセントもトンネルになる。新幹線では、在来線に比べて長いトンネルが数多くつくられているのだ。

日本の長大トンネルのトップ10を見てみると、日本一長いトンネルは、いわずと知れた青函《せいかん》トンネルである。北海道と本州を結ぶ北海道新幹線と海峡線のトンネルで、長さ53・85キロメートル、津軽海峡の海底の奥深くをひた走っている。2番目は東北新幹線の八甲田《はっこうだ》トンネル、3番目は同じく東北新幹線の岩手《いわて》一戸《いちのへ》トンネルで、以下、北陸新幹線の飯山《いいやま》トンネル、上越新幹線の大清水《だいしみず》トンネル、山陽新幹線の新関門《しんかんもん》トンネル、山陽新幹線の六甲《ろっこう》トンネル、上越新幹線の榛名《はるな》トンネル、北陸新幹線の五里ヶ峯《ごりがみね》トンネル、上越新幹線の中山《なかやま》トンネルと続く。このように、トップ1からトップ10までが、新幹線のトンネルで占められている。

今度新幹線に乗ったら、トンネルにも注目してみよう。これまでは、ただ真っ暗ななかを走るだけでつまらないと思っていた人でも、新たな興味がもてるはずである。

3分おきの発車を管理。新幹線システムのすごさ！

東海道新幹線開業前、何度もテスト走行を繰り返していた当時の国鉄は、大きな不安を抱えていた。テスト中に架線やパンタグラフの故障が頻発《ひんぱつ》し、開業前日になっても、きちんとダイヤどおりに走り通せるのかどうかの確信がもてなかったそうだ。そのため、開業前日の新大阪駅では、東京駅を出発する記念の列車が延着したときのため、特急料金払い戻し用に500万円を用意したというエピソードが伝えられている。

それが現在では、東海道・山陽新幹線は平均3分という短い間隔で東京駅を発車しており、しかもダイヤの乱れはほとんどない。時刻表に何時何分と記載されている時間に、確実にホームに列車が入ってくるから、利用者は安心して駅で待てばいいわけだ。

これだけのダイヤで、正確に事故もなく運行されていて、乗客が安心して利用できるのは、JRのもつ運行管理システムのおかげだ。

東海道新幹線開通当初から、列車集中制御装置（CTC）が導入されていたが、システムをしだいに進化させ、制御だけでなく、運行ダイヤ作成から車両使用計画などまで管理できるようにした。このシステムＣＯＭＴＲＡＣ《コムトラック》は、気象情報や地震動早期検知警報システムＳＭＩＳ《スミス》とも連動し、より安全運行が可能になった。

　これにとどまることなく現在は、ミニ新幹線の運行開始など複雑化する運行に備えたＣＯＳＭＯＳ《コスモス》という最新の運行管理システムをＪＲ東日本が開発、１９９５年に導入されて以来、随時バージョンアップが施され指令業務の効率化が図られている。

　これは、輸送計画、運行管理、車両管理、設備管理、保守作業管理、電力系統制御、集中情報監視、構内作業管理という8種のシステムをＬＡＮで結んで表示できるようになっている。

「世界に類を見ない」といわれる正確な運行は、車両や線路の目に見える技術だけでなく、複雑な管理システムによって支えられているのである。

『鉄道雑学館』、『鉄道雑学館２』武田忠雄（成美堂出版）
『レール・ライフ no.1（2008 春）』、『技術のしくみからデザインまですべてわかる鉄道』斉藤博貴（誠文堂新光社）
『みどりの窓口を支える「マルス」の謎』杉浦一機、『新幹線事情大研究』川島令三（草思社）
『ＪＲ旅客営業制度のＱ＆Ａ』小布施由武（中央書院）
『新幹線不思議読本』梅原淳（朝日新聞社）
『最新鉄道利用術』谷川一巳、『新幹線「徹底追究」謎と不思議』梅原淳、『鉄道路なんでもおもしろ事典』浅井建爾（東京堂出版）
『まるごと！新幹線』梅原淳（同文舘出版）
『ボクの鉄道あれこれ学』ヒサクニヒコ（同文書院）
『鉄道の歴史がわかる事典』浅井建爾、『JR 語の事典』舛本哲郎・小須田英章、『新幹線の中の知恵』夏目房之介、『新幹線がわかる事典』原口隆行、『ＪＲ語の事典』桝本哲郎・小須田英章（日本実業出版社）
『おもしろ鉄道雑学 94』大門真一（日本文芸）
『もっと知りたい！新幹線』恵知仁（白夜社）
『新幹線』関長臣（保育社）
『新幹線ガール』徳渕真利子、『新幹線を運転する』早田森（メディアファクトリー）
『The0 系新幹線』（三推社）
『現役新幹線パーフェクトガイド』（笠倉出版社）
朝日新聞、京都新聞、大阪日日新聞、産経新聞

下記の文献・資料等を参考にさせていただきました。

『東海道新幹線 2』須田寛、『東北・上越新幹線』山之内秀一郎（JTB）
『山陽新幹線』南谷昌二郎（JTB パブリッシング）
『新幹線 navi』、『まるわかり鉄道用語の基礎知識 850』池口英司、『新幹線マニアの基礎知識』中尾一樹・伊藤久巳（イカロス出版）
『〈図解〉鉄道のしくみと走らせ方』昭和鉄道高等学校編（かんき出版）
『新版鉄道用語事典』久保田博（グランプリ出版）
『図解雑学日本の鉄道』西本裕隆、『くわしくわかる新幹線のしくみ』川島令三（ナツメ社）
『高速鉄道』松田博康（リブリオ出版）
『鉄道びっくり！博学知識』早稲田大学鉄道研究会（河出書房新社）
『深迷怪鉄道用語辞典』高橋政士（海拓社）
『［超図説］鉄道車両を知りつくす』川辺謙一、『［図説］新幹線全史』、『［図説］新幹線全史(月)』、『［図説］鉄道車両はこうして生まれる』（学習研究社）
『新幹線大研究』、『図解鉄道の科学』宮本昌幸（講談社）
『新幹線』結解学（国土社）
『JR 西日本』鉄楽舎、『新幹線テクノロジー』佐藤芳彦（山海堂）
『徹底比較！世界と日本の鉄道なるほど事情』谷川一巳、『新幹線』高速鉄道研究会編、『鉄道メカ博士リターンズ増補版』川辺芭蕉（自由国民社）
『日本の鉄道なるほど事典』種村直樹、『新幹線から経済が見える』小宮一慶（実業之日本社）
『全線全駅鉄道の旅 4』宮脇俊三・原田勝正（小学館）
『ディズニーランド 101 の謎』TDL 研究会議（新潮社）

レイルウェイ研究会
子どもの頃、電車の先頭車両に乗り込み興味津々運転席を覗いていた気持ちをもったまま大人になった鉄道ファン集団。「鉄道は夢を運んでいる」を合言葉に、多くの人に鉄道の魅力を伝えたいと、幅広いネットワークを駆使して情報を発信。乗客の目線にこだわった情報収集力には定評がある。

最新版
新幹線に乗るのがおもしろくなる本

発行日　2022年 8月8日　初版第1刷発行

編　者　レイルウェイ研究会

発行者　小池英彦
発行所　株式会社 扶桑社
〒105-8070　東京都港区芝浦 1-1-1 浜松町ビルディング
TEL.(03)6368-8870(編集)　TEL.(03)6368-8891(郵便室)
http://www.fusosha.co.jp/

印刷・製本　中央精版印刷株式会社
装丁　Super Big BOMBER INC.
デザイン　竹下典子
DTP　アーティザンカンパニー
イラスト　株式会社スプーン、いわせみつよ

価格はカバーに表示してあります。
造本には十分注意しておりますが、落丁・乱丁(本の頁の抜け落ちや順序の間違い)の場合は、小社販売部宛にお送りください。送料は小社負担でお取り替えいたします。本書のコピー、スキャン、デジタル化等の無断複製は著作権法上での例外を除き禁じられています。本書を代行業者等の第三者に依頼してスキャンやデジタル化することは、たとえ個人や家庭内での利用でも著作権法違反です。

© railwaykenkyukai 2022
ISBN978-4-594-09261-0
Printed in Japan